JN408968

미수(米壽)기념

봄

미수(米壽)기념

봄

신 동 익 제6시조시집

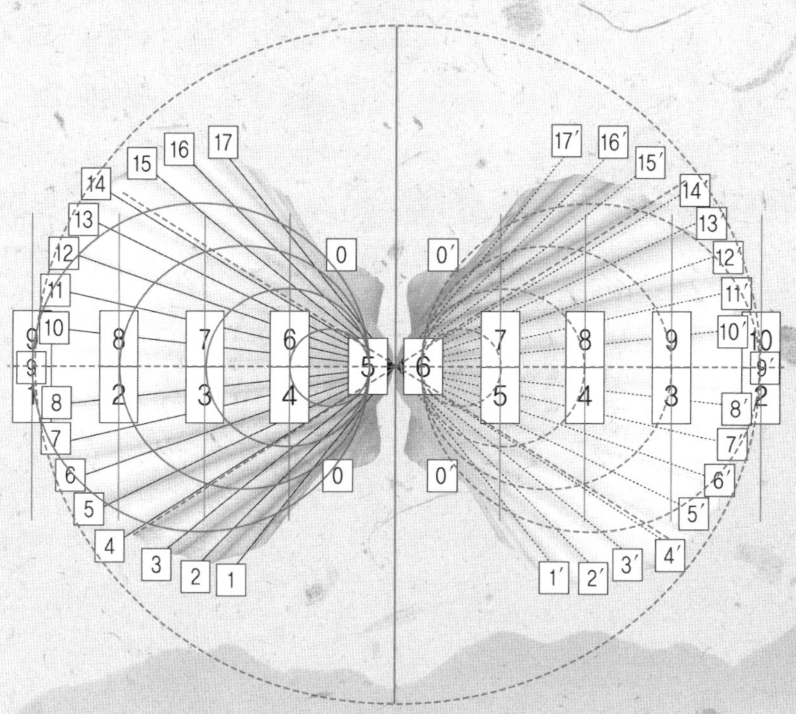

『천부경』 수제자 가리비

부록 : 『천부경』 도해(圖解)

도서출판 천우

지난 4월 27일, 역사적 남북 정상이 판문점 〈평화의 집〉에서 무릎을 맞대었다. 한반도에 봄이 오고 있다. 내일모레 6월 12일이면 북 · 미 정상회담이 싱가포르(Singapore)에서 열린다. 꿈같은 이야기다. 돌발적 사태라 반신반의, 기류는 냉랭하다. 남북비핵화협상 반대할 이유야 아무도 없겠지만, 갑자기 다다른 국운 앞에 두 손 모은다. 세기의 북 · 미 협상 성공하지 못하면 온 인류에 대한 죄악이다. 두 정상은 알아야 한다.

평화의 염원을 담아 제6시조집을 상재하게 되었다. 미수(米壽) 기념으로 8십 8수원고를 꾸리던 중에 자연의 봄과 한반도 봄기운이 원고지에 스며들게 되었다. 그래서 제호를 『봄』 이라고 정하였다.

주제가 인류 문화의 시원의 경전이자 배달민족의 경전인 『천부경』을 소재로 한 시편들이 많이 들어 있다. 『천부경』은 우리의 상고역사이지만 국민들에게 알려져 있지 않다. 이해를 돕기 위해 부록으로 〈『천부경』 도해(圖解)〉를 실었다.

읽어줄 독자도 없는 시집을 왜 내느냐 하면 누가 무어라 해도 이것은 시인으로써 나의 궤적이기 때문이다.

환기(桓紀)10,955(무술 : 2018년) 6월 10일. 19 : 35.
신불산(神佛山) 발치 초우야서(艸牛野墅)에서 辛東益 志

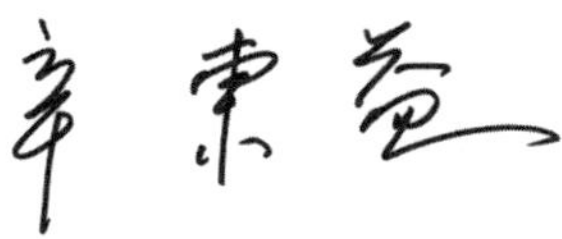

제 I 부

봄

제 Ⅱ 부

평창 동계 올림픽 이미지(image)

제 Ⅲ 부

맹태(盲太)

제 Ⅳ 부

초우(艸牛) 통신

제 V 부

회귀(回歸)

제 I 부

봄

굽은 감태나무[白冬柏] 지팡이

쪽쪽 곧은 장정
발군으로 뽑혀가고

세월에 베인 상처
옹이로 아물어도

아물지 못한 헌데는
동공 하나 깊었다

꽃 양귀비 · 1

수그린 고개 들어 햇빛 아래 얌전하고

바람 앞에 간들간들 간들아 진다

내 앞엔 아무도 모르게 살짝궁 실 눈짓

꽃 양귀비 · 2

땅을 굽어보고
감사 마음 잊지 않고

립스틱 배어나는
곧 곧은 일편단심

하늘을 우르른 씨 쌈지
결실은 기도여라

대한 철 동백

울타리 안 3십 해를
있는 둥 마는 둥

눈에 담은 적 없는데
오늘따라 입술이 붉다

풋풋한 부푼 앙가슴
기상예보 게스트

백로(白鷺)

청산이 좋아 '청산에 살어리랏다'

입진 하늘
청자 속에
천만년 살어리랏다

이 강산
푸른 들녘에
엎드리신 울 할배

보름새* 두루마기

— 눈 님을 애도하며

할아버지 두루마기 보름 새 나들이 큰옷

동네 사람 우러러보며, 어머님 솜씨 꽃다발 안기던

이어온 전설이 운명입니다, 구십오 세 입관입니다

* 보름새 : 베 바디 칸수를 말하는 것으로 1새가 80올이다. 보름새 즉 15새는 1200올이다. 가히 신품이라 할 수 있는 피륙이다.

봄

입 다문 꽃봉오리
소곤소곤 불러내는

똘똘 말아 감춘 잎을
살살 꼬셔내는

땅굴 속 똬리 튼 뱀 · 核
기나오는 봄 · 봄 · 봄

봄 들녘

봄은 매화 가지에 앉아 꿀벌 잔칫집

나물 캐는 봄 처녀 다 어디를 가고

추억의 봄을 캐 담고 있는 흰머리 저 노파

봄 가뭄

빼빼 말라 수척한 밭곡식 목이 탄다

적군의 집중 기습사격 우박 소나기도

이식한 어린 콩 모종 깔딱 요기 득실이다

* 2017. 6. 17경. 직경 1~2cm의 우박이 1분가량 쏟아졌다.

봄날

봄날이 하도 화창하여 술 생각이 나

꽃그늘 아래 앉아 삼겹살 구워 먹나니

참나물 · 취나물 · 미역취 · 곰치 · 방풍 다 모였다

바람도 없는 하늘 무너지는 벚꽃 사태

쨍그렁! 술잔에 내려앉는 꽃잎 한 장

대접에 이는 물무늬 먼데 친구 그립다

세모(歲暮)

낮은 노루 꽁지
밤은 배미 꼬리

앞 시내 징검다리
땅거미 밟아오면

방범등 불빛 아래 개 짖는 소리 더 높다

소한(小寒)

오늘이 소한인데 겨울 밭이 파랗다

잡초들이 일어나네
노파는 맥 밭을 매네

겨울철 새 텃밭 작목 무슨 씨를 뿌릴까

입하(立夏)

모란꽃 지자마자 발정하는 자약이다

연둣빛 왁자지껄 점령군 행세로다

잊었던 뻐꾸기 소리 귓구멍이 식민지

중복(中伏)

번개 · 천둥 · 소나기
바람 잠잠 4분의 3박자

복달임에 오라고
얼음골에 가자고

학질(malaria)에
걸린 휴대폰
달달 달 아양 뜬다

초복(初伏)

옥수수 삶아내는
염제(炎帝)가 극성이다

붉은 고추 낙관으로
청산(青山)을 접수하는

등달아 고추잠자리
하늘바다 낙서질

파초선(芭蕉扇)

나무도 아닌 것이
마디도 없는 것이

풀도 아닌 걸까
집채만큼 덩그렇다

풍파에 짓 새운 갈기
매듭 맺지 않는 순수

까마귀 · 백로, 수박 · 사과
색깔 전쟁 없는 나라

활짝 피어든 고백
젊은 날의 연서인가

백일(白日)에 탁 털어 보일
유서 한 장 쓰고 싶다

파초우(芭蕉雨)

부처도 저렇게
맺힌 고 풀었을까

남창에 전해주는
우리 님 두루마리

한줄기 고향 소식을
소나기가 읊는다

회나무[槐木]*

음력 4월 마누라가
동동 동 발 구른다

늦잠 자고 낮잠 자고
꽃 다지고 잎 다 핀 언덕

육칠월 꽃이 피어도
정승 자리 비었더라

* 회나무[槐木] : 노박덩굴과의 낙엽 활엽 소교목. 6~7월에 흑자색 꽃이 핌. 나무 중에서 가장 늦게 잎이 핌. 4월의 별칭 중 하나로 괴월(槐月)이라고 한다. 주(周)나라 때 궁궐 뜰에 세 그루가 있었는데 삼정승의 위계를 나타낸다고 한다.

제 II 부

평창 동계 올림픽 이미지(image)

3 · 1절 이미지(image)

조선사람 · 대한사람 말을 좀 해보자
기미년 태극기가 광복 날 태극기다
제 잘난 사상(思想)보다 이제 통일이 먼저다

기미년 태극기는 반도 3천 리 휘날렸다
서울에서 부산, 연해주, 간도(間道)까지
넓은 땅 다 내주고 너, 나 잘한 일 하나 없네

촛불도 밤거리는 환한 꽃밭 길이더라
지구는 화약 냄새 한 번 더 원치 않는
평화로 번지는 물결 문화개벽 『천부경』

어둡고 두려움 있는 곳에 촛불은 간다
국경을 넘고 세계를 향하여 절로 간다
오라고 안 해도 산불 번지듯 번지느니

『천부경』 수제자 가리비

〈그림 1〉 요철(凹凸) 가리비 입술

부채꼴 가리비는
수학 공부 우등생
윗입술 선천수[1]요,
아랫입술 후천수[2]다
뒤집고 보면 선 · 후천수(凹凸)
요술처럼 뒤바뀌네

아래 · 위 이랑이랑
짝 맞추어 정연하다
펼쳐 든 금척[3](金尺)을
어느새 읽고 있네
『천부인』[4] 세 개 중 둥근 원(○ : 圓) 겹겹이 나이테

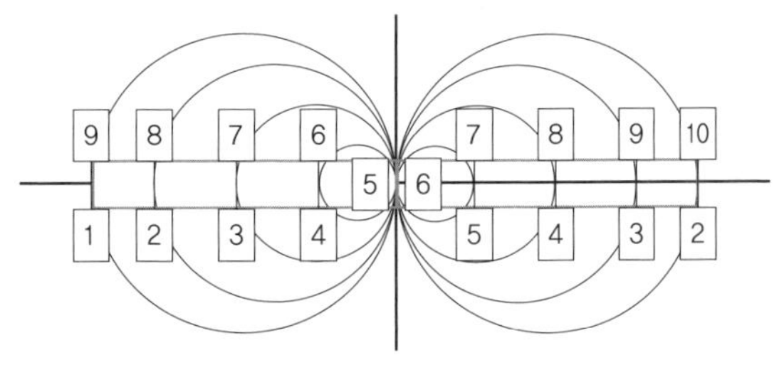

〈그림 2〉 금척전개도(좌 : 선천수, 우 : 후천수)

사물은 세 천부인 옷
받아 입고 태난다
『천부경』은 어느 하나
사물(事物) 그 해석 기하학
『조선사』 만 천년[5] 역사
실사로 부활(復活)이다

훈국(桓國) 훈인씨[6](桓因氏 : 安巴堅) 위대하지 않는가
신화역사 식민지역사
통쾌한 철퇴로다

〈『천부경[7]』 수제자 가리비〉

똘똘한 심판관(審判官)

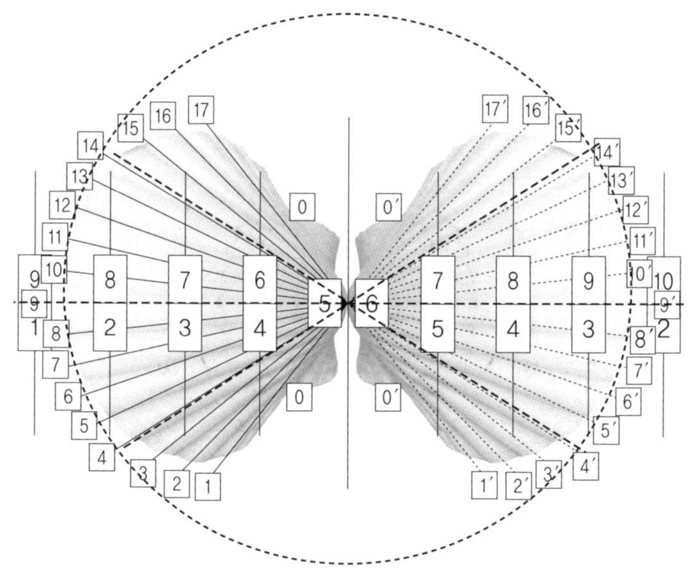

〈그림 3〉 설명 〈『천부경』 수제자 가리비〉

* 선천수[1 · 2] : 〈그림 2〉에서 선천수는 1 · 2 · 3 · 4 · 5 · 6 · 7 · 8 · 9로 전개되는 수열이고, 후천수는 2 · 3 · 4 · 5 · 6 · 7 · 8 · 9 · 10으로 전개됨을 말한다. 현대 수학용어로 말하면 선천수는 ±sin$x$ 그래프, 후천수는 ±cos$x$ 그래프 운동 양식이다. 『천부경』 한 구절인 운3 · (4)성환5 · 7(運三四成環五七)에서 도출할 수 있다.(〈그림 2〉 굵은 선)
* 금척[3]: 〈그림 2〉 좌편을 말한다. 즉 길이 5치(1~5) 4절(1~5까지 네 마디) 그리고 3태성(3, 4, 5 자리를 별자리)이라고 한다.
* 천부인[4]: 3천부인을 말한다. 즉 하늘의 모양을 본 딴 원(○), 사람의 모양을 본 딴 각(△), 땅 모양을 본 딴 방(□)을 의미한다. 즉 기하학적 문양을 말하고 있다.
* 『한국사』(『조선사』) 만 천년[5 · 6] : 반고(盤古) 훈인씨(桓因氏 : 安巴堅)가 중원대륙 서녘 끝에 있는 감숙성(甘肅省) 돈환(燉煌)에서 상원(上元) 갑자(甲子) 10월 3일에 인류사상 맨 처음으로 신시(神市)인 정통국(桓國)을 세워 개천(開天) 한데서 유래한다. 만세력 역법 계산법에 따르면 우리가 살고 있는 우주의 한 달은 10800(상원 갑자 3600년 중원 갑자 3600년 하원 갑자 3600년)년에 해당한다고 한다.

  하원갑자 마지막에서 갑자년이 두 번 즉 120년이 지나고, 갑자년에서 금년이 무술(戊戌) 개띠 해까지 35년째가 되므로 합산하면 10,955년이 나라 햇수가 된다.
* 『천부경[7]』 : 〈천리(天理)와 수리(數理)가 부신(符信)처럼 부합(符合)한다〉는 경전이다. 가로세로 각각 아홉 자씩 여든한 자로 되어 있다. 자연주의 인본주의 보편주의가 철철 넘쳐나고 있는 인류사상 최초 최고 경전이다. 천리와 수리는 동서고금을 막론하고 통용되는 만고의 언어이므로 만 년이 지났다고 해서 변할 리 없다.

격(格)

한때 미국영화에 연출한 원숭이(고릴라)에게
'인격(人格)' 을 부여하자는 소송문제가 있었다
사람 · 개 사이에 아빠, 엄마 할아버지 호칭까지!

개도 영물이고, 원숭이도 영물이다
부처님 귀에 들면 제자로 삼겠구나
'하나님' 머릿속에는 개는 개, 사람은 사람일까

어느 나라 동성결혼 여론조사에서
찬성률 56%라는 준 유의성 있다
옛날에 초당 방에서나 있을법한 풍속도

반자연적 반인륜적 난장판 짓거리다
'순천자는 흥하고 역천자는 망한다'
이륜(彝倫)을 다스릴 잣대 경천(敬天)하고 애인지(愛人地)

과거에 말 걸지 않으면 미래는 어둡다

국사(國史)에 말 걸면 뿌리 없는 나무
'환부역조'(換父易祖)다

성통공완(性通功完) 연후에 '홍익인간'(弘益人間) 빛난다

제2의 종교 개혁은 '기복 종교' 타파다

남북정상회담에 부치는 글

천지가 요지경 구명만 한 한나절
토끼는 뿔 없어도 평화를 즐기고
거북은 털 없어도 갑옷 한 벌 천 년 산다

한반도 현실은 2 체재가 실체이다
1 국가 흡수통일 전쟁 같은 잠꼬대
동시적 비핵(非核) · 보상 원칙, 점진적 통일

시절이 풍년들면 민심이 너그럽듯
'의식(意識)' 이 철이 들면 난세도 하루아침
사상을 담보삼지 말라 통일이 엄지[拇指]다

태극은 도나니 선택은 외길이다
"하늘은 스스로 돕는 자를 돕는다"
완성은 빈대떡 뒤집듯 멋진 한판 뒤집기

누구도 싫어하는 우상(偶像)

널브러진 세상 지축이 바로 서는 날
'하늘' 님 역사함이 없이 이루나니
수렴의 역사 '사백력지(斯白力之)' * 후천 가을 다가온다

만선을 닦고, 만덕을 쌓은 자 머물리라
자성(自性)을 밝혀 성통공완자(性通功完者) 알리로다
한마음 밖 '하나님' *은 누구도 싫어하는 우상

종교는 집단대형 기업화 아래에서도
영혼황폐 사회적 윤리 도덕 사라지니
있거나 마나 한 종교 '이제 신(God)*은 죽었다'

* 사백력지(斯白力之) : 이와 같이 아무것도 없는 데서 일어나는 하느님의 조(造) · 화(化) · 공(功) · 능(能).
* 하나님 : 一心. 一神. 桓님. '하늘님'. 삼시랑. 조물주. 조화옹. 조화신. 옥황상제. 천주. '아버지'….
* '이제 신(God)은 죽었다' : 스티븐 호킹, 레오나르드 믈로디노프 『위대한 설계』에서.

명아주 지팡이[靑藜杖]

『천부경』 여든한 자 해독한 덤으로

바람에 쓰러지지 않는 풀, 청려장(靑藜杖)

가볍고 불어지지 않는 도골장(道骨杖)을 얻었네

봄 꿩 제 울음에 놀라듯

『천부경』(天符經) 여든한 자
밤사이 풀고 나니

봄 꿩 제 울음에 놀라듯 소스라쳤네

천기를 누설한 두려움
부들부들 떨린다

삼시랑 님이 떠시는 거물 코

우주골[宇宙谷]에
사는 삼시랑 님
삼라만상을 점지하신다

점지할 때마다
한 코 한 코 거물 코 떠서
일련번호 매긴다

'수열' (數列)로
'초끈' *을 달아
서로 관계 맺는다

* 초끈(superstring theory) : 21세기 최고의 "과학자"라고 "공인되는" 스티븐 호킹과 레오나르드 믈로디노프는 우주와 생명의 기원에 대한 근본적인 질문은 철학과 신학의 영역이었으나 현대에는 과학의 영역이 되었다고 주장한다. 그의 저서 『위대한 설계』에서 밝힌 "초끈" 이론을 말한다. 즉 우주와 생명현상은 신이 창조한 것이 아니라, 우리가 관찰을 통해서 역사를 창조했다는 것을 의미한다고 설명한다. 우리 자신은 최초의 우주에서 양자요동의 산물이라는 것이다. '양자'는 '입자'가 아니라 '끈'이라는 것이다. 그래서 우리와 우주를 지배하는 법칙으로 '끈' 이론에 기초한 M 이론을 제시함으로써 "만물의 이론"의 유일한 후보로 추대고 있다.

씨앗의 힘

땅을 열고 아스팔트 뚫고 올라온다

물먹은 씨앗 뾰쪽한 새싹 부피 늘리면

관성과 팽창은 네거티브(negative), 중력과 흙은 모래알

*주 : 외압인 중력 혹은 기압(+포지티브positive) 작용과 내부의 팽창(–네거티브 negative) 작용에 의하여 새싹이 땅을 뚫고 올라오는 현상이다. 마치 물이 얼면 팽창에 의하여 서릿기둥이 생기고 땅이 얼 부풀어 올라오는 것과 같은 이치다.

신 태극도설(辛 太極圖說)

1
태초* 우주는 아무것도 없는 암흑천지(無 → 無極 = 0)
대폭발로 무엇인가 나타나는 조짐이 태극(太極=1)
음(陰 = −)과 양(陽 = +)의 교합으로 태극(1)은 생겨났다.

2
암(−)컷과 수(+)컷 사이
촌수 없는 남남(0)이다
부모 자식 간은 1촌
영(0 : 제로)에서 생겨났다
제로(0 : 영)는 우주의 자궁
온갖 것을 지어낸다

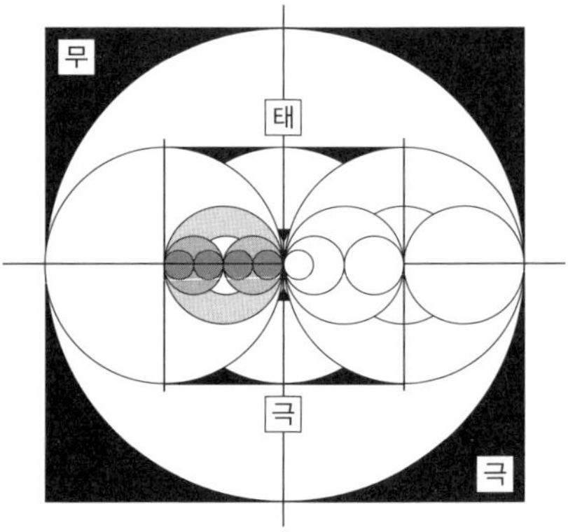

〈그림 1〉 태극 4차원도해

3
영(0 : 제로)에서 하나(태극) 되고
하나에서 두(음양) 개 되며
두 개가 네(4상) 개 되어 네 개가 8괘 된다
단세포 분열 한(1) · 둘(2) · 넷(4)에
팔(8) · 십육(16)··· 무한수열

4
〈그림 1〉 극대화는 우주의 생성원리,
미시적 나노시대* 나타내고 있다

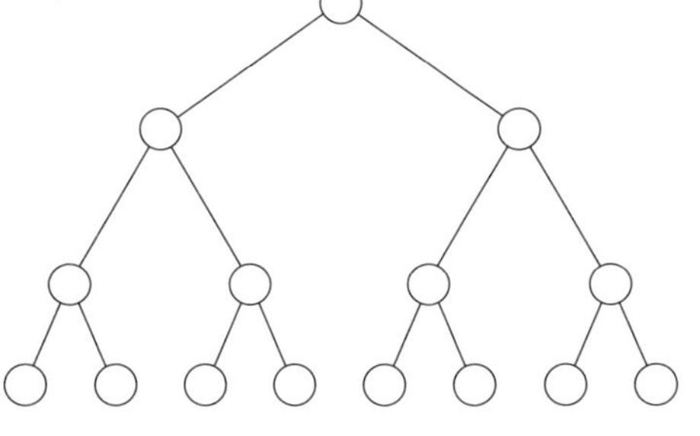
〈그림 2〉 무성생식 및 태극전개도
(1 · 2 · 4 · 8 · 16 · 32 · 64··· 무한수열)

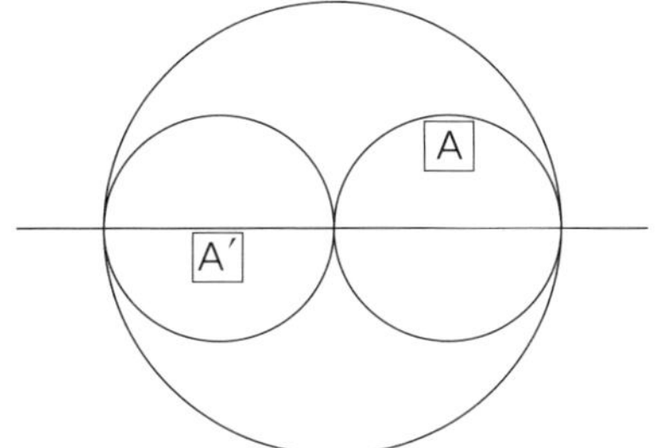

〈그림 3〉 A′는 초끈 A의 복사체.
태극은 복사체

태극은 '초끈'*, 똑같은 복사체를 갖는다

5
원초적 우주팽창 시 만물이 태난 이래
'만왕만래 부동본'* 그 작은 '초끈' 이다
"자고난 아침마당에 참새 너도 한동갑"*

* 태초 : 천지가 처음 시작된 때. 무시이래(無始以來), 무시지시(無始之時), 대시(大時), 창초(創初), 태고(太古).
* 나노시대 : 1나노스미터(1nm)=10^{-11}이다. 나노단위시대. 묘(渺).
* 초끈 : 현대 물리학에서 물질의 가장 작은 단위를 입자(粒子)인 알갱이로 보았다. 그러니 스티븐 호킹(stephen hawking)은 그의 저서 『위대한 설계』에서 입자가 아니라 '끈' 또는 '초끈' 이라고 하였다.
* 만왕만래 부동본 : 『천부경』의 한 구절. '一妙衍 萬往萬來 用變 不動本'이라고 하였다. 그 작은 '초끈'이 점점 널어나서 나고 죽고, 죽고 나서 천만 번 그 모양 바꿔본들 본바탕은 그대로다.
* "자고난 아침 마당에 참새 너도 한동갑" : 필자의 시구(詩句).

울타리 없는 집

‘새마을 운동’ 아닌데도 담장이 흘러 나간다

달랑 숟가락 하나, 독신국(獨身國) 출현인가

가꿔온 아버지 나라 갈 곳은 유네스코(UNESCO)

위대한 발견 천부인(天符印)
세 개 원○ · 각△ · 방□

삼라만상은 하늘 옷 받아 입고 태난다
하늘 옷 무늬 둥글○고 뾰쪽△하고 모□ 났더라
'하늘' 님 스스로 생령들 일련번호 매기나니…

솔잎을 보라 까마귀를 보라 소금을 보라
겹친 것 어긋난 것, 하나같지 않는 것 없고
하늘눈 관세음(觀世音) 하면 똑같은 것 정 없네

나는 새, 헤엄치는 물고기 보라
뛰는 노루도 역작용(力作用) 모습 그러하다
태풍도 나선형으로 한살이 살고 간다

일목국(一目国)

깜빡 잠 깨고 나니
경물이 새롭구나

사람들 이마에는
눈알이 하나 밖에…

세습된 적폐로부터
말라버린 의식의 눈

*시작 노트 : 요사이 내가 이리 고독하다.

쥐구멍

해방인가 광복인가 70년이 넘었건만

고삐는 그대로고, 재갈 물린 상고사(上古史)

단군(檀君)은 쥐구멍인가 볕 들 날만 기다린다

평창 동계 올림픽 이미지(image)

평창 겨울 산은 백산(白山) 백두(白頭)이더라
환인 씨(桓因氏) 개천한 곳도 '백산(白山) 천산(天山)'
환웅(桓雄) 님, 단군(檀君) 님 개국한 곳도 '백산' 이다

"우주 본질은 희다" 백공(白空)을 주창했다
'백의' (白衣)를 숭상한 것, '백공 우주철학사상'
조선과 한국의 대명사는 백의민족 한 뿌리

검둥이 흰둥이 노랑둥이 백산(白山)에 다 모였다
이날 산상수훈(山上垂訓) 화두 6각 '백설' 이다
평화여! 화합의 평창! 눈빛으로 뭉쳤다

한반도는 사상 양극화, 보아라. 종교 집합체다
세계갈등의 축소판 비빈 밥이 아우른다
바탕은 흰 바탕으로 평창 하늘 달이 뜬다

휴전선 스피커(Speaker)

핵에는 핵이 아니라, 이목구비 없어도

더듬이(Antenna) 하나로 먹이 찾아가는

갑옷도 벗은 민달팽이 핵(核) 버섯 녹여 먹는다

옹기의 변신

입이 큰 항아리엔 부레옥잠 동동 뜨네

쩡 금 간 시루에는
마른 억새, 갈꽃 피네

온갖 것 운명 아니라 쓰임 따라 달렸다

제 III 부

맹태(盲太)

겨울 삽화 · 2
— 담쟁이

땅 투기 비켜서서
담벼락 택한 이유

그래도
혈통 있고 뼈대 있는
집안이라고

강(江)이듯 나무이듯 대작
판화 한 폭 걸었다

'나래' 50년 상승기류

펴고 접고, 접고 펴고 저어가면
3장 6구 12음절 45자 넘실넘실
3 · 6 · 9… 무한수열의 원소로 난다

상승기류 타면 무한 창공 자유자재
북극에서 남극까지 누비고 누비어라
철새가 오고 가는 것도 상승기류 때문

남강*

강남 갔던 제비 돌아오면 제일 먼저

남강에 목욕재계하고 깃 다듬어

촉석루 난간에 앉아 노래한다, 푸른 충절

* 남강 : 경상남도 서남부 진주시에 있는 강. 관광 · 교육 도시이며, 농산물 집산지이기도 하다. 명승지로 촉석루, 진양 성지(晉陽城址), 의랑암(義娘巖), 서장대(西將臺) 따위가 있다.

몰라요

'一食이' '二食이' '食' 자 돌림에

'三食이' 희귀종, '外食이' 발걸음에

지켜온 사립문설주 주저앉아도 몰라요

맹태(盲太)

혹독한 일제(日帝) 때 두 눈 다 잃은 맹태
일흔 살이 되도록 그냥 고질병 되었소
군살 진 풍요 속에서 맥주 안주로 잘근잘근

이 땅은 토끼몰이, 저 땅은 총 놀이
양심당(黨) 곤장을 쳐서 해장국 끓이오
동해가 부글부글 끓고 있는 아, 저 황태 탕

외교가 눈먼 사이 저 바다 멀리 웬 방망이 소리
이 틈을 타서 '동해 · 일본해' 병기 독도 가슴 깔딱.
멀어도 눈멀어도 못 감을 내 눈 정 안일태지요!

보름새 두루마기*

— 눈 님을 애도하며

할아버님 두루마기 보름새 나들이 큰옷

동네 사람 우러러보며, 어머님 솜씨 꽃다발 안기던

이어온 전설도 운명입니다, 95세 입관입니다

* 보름새 두루마기 : 베 바디 칸수를 말하는 것으로 1새가 8십 올이다. 보름새 즉 십5새는 천2백 올이다. 가히 신품이라 할 수 있는 피륙이다.

봄 · 2

봄이 온다 한반도에
남 · 북이 하나 되는

잃었던 봄, 잊었던 봄
사상도 땅도 아닌 문화

실낙원(失樂園)
『천부경』 나라 역사(歷史)에도 봄 온다

비빈 밥* 문화

진시왕이 한(漢)나라를 세우기 이전까지지는

대륙에는 통일된 나라가 없었지요

4백 년 못 되는 한(漢)나라는 문화가 없습니다

나라마다 제 밥그릇 챙기기에 눈멀어도

우리는 대륙문화의 원형을 갖은 종주국

다양한 문화로 만든 비빈 밥이 있습니다

* 비빈 밥 : 이어령 교수는 한국문화를 비빈 밥 문화라고 말한 바 있다.

삼태극(三太極)

태극과 주역이 뒤섞인 대한민국 국기

별 하나 어디에서 따 왔는지? 북한의 국기

새 나라 통일 국기에는 三太極을 그려야

三은 천 · 인 · 지, 우주 자연의 본체

三은 단 세 번이다 가위바위보 단 세 번

만유의 운동 법칙이 내재하는 거울이다

언양(彦陽) 요도적소(蓼島謫所) 상념(想念)

마을[馬屹]*에 기류 해놓고 '소학교' 를 다녔네
이후에 그 집이 본가(本家)가 된 인연 있다
'보통원' (普通院), '요도적소' 가 이 동네에 있었다네

남천(南川)과 감천(坎川) 이수(二水) 간을 요도라 한다
고려(高麗) 때 김흥경(金興慶) 정몽주(鄭夢周) 유배 살고
조선조 권해(權瑎), 이의숙(李義肅) 적적하게 귀향 산 곳.

평창 5륜, 남북 특사 봄날은 오리라
전직 대통령 줄줄이 굴비 신세로다
시공(時空)을 초월하여 아! 공과(功過)가 포말이다

포은(圃隱), 남곡(南谷), 이재(頤齋) 함께 문학가요
남기신 글월들이 정답고 주옥이다
원컨대 유배문학관 세워 산 교육장 삼았으면….

* 마을[馬屹] : 언양읍 어음리의 본디 이름이다. 후에 어음리가 되었다가, 다시 어음 상 · 하리로 나뉘었다. 마을[馬屹]은 지금의 어음살리이다.

『천부경』 나라 · 1

상원갑자(BC. 8937) 시월 초삼일 개천한 나라
사람이 사람답게 사는 세상 만들려고
천부인(天符印) 세 개를 받아 신시(神市)를 세웠나니

부부가 도통하지 않으면 제황(帝皇) 못 되는
비로소 상원 어른 상원 부인 택호 생겨
혈통을 타고 오늘날까지 전해오는 소치다

『천부경』 나라 · 2

천지 만물은 제 생체주기성 있는 법
사람은 사람의 리듬(biorhythm)에 따라야
월사는 주기성이다 2십 8일은 수리(數理)이다

한 달은 스무여드레 1년은 13개월
큰달이 한번 들어 평년은 3백6십5일
윤년은 3년 반마다 들어 3백6십6일

10년 반마다 윤시분초가 있는 역법
갑자을축(甲子乙丑) 6십 간지 사용했으니
역제를 갖은 문화국가 문화민족 ᄒᆞᆫ국(桓國)

『천부경』·『3 · 1 신고』·『법화경』(法華經) 설하신 나라
문 대통령 김 위원장 손 잡듯 손잡고 가자
최초의 『천부경』 나라로 복본(複本)이다 다물(多勿 : 回歸)이다.

『천부경』 나라 · 3

— 통일을 바라보며

신인(神人)들이 세운 나라 신시(神市)라 한다
안파견(安巴堅 : 盤古桓因氏) 그의 부인 막지(莫知)
문고(文考)는 그 장인으로 대표적인 인물들

우리가 배운 대로라면 만 년 전은 미개인
일부 계층 고도의 문명을 구사했다
사람이 사람답게 사는 제도를 구현했다

강상(綱常)이 무너진 오늘날 아수라장
날 새기 두려운 사람 사는 세상 아니로다
손잡고 『천부경』 나라로 남남북녀 가자요

춤추는 사유상

— '작천무'에 부쳐

작괘천 너른 반석 달빛 교교한데
천 년을 다문 입술 물소리 가락 잡고
향 연기 따라 일어나는 에스라인 사유상

침묵은 미덕인가 속에 담은 압축 화두
펑 튀는 섬광, 심 봉사 눈 떴다 얼쑤!
얇은 사(紗) 고깔을 던져 지장보살 현신이다

빙그르르 물레소 중모리 친친 어허야!
호박소 휘모리에 원효는 거들먹거들먹
실 한 올마저 가면이다 날려버린 자진모리

티 없이 맑은 물 옥소리 굴러간다
사뿐사뿐 별자리 밟아가는 맨발 우조(羽調)
눈 가득 들어앉는 풍광 동동 뜨는 작천무

텃밭 머리에 앉아

호미 내려놓고 먼 남산 대좌하면
눈보다 귀가 먼저 속말을 해요
늘 듣는 공장소음도 오늘따라 개벽인가!

일모작 보장받은 고래 논 인생 일모작
유룸도 없이 쑥쑥 웃자란 나이테여
끊어질 듯, 뚝 떨어지지 않는 '오뉴월 황소ㅂㅇ'

봄날은 무중력 나비 쌍쌍 오르고
등 굽은 호미 날도 풍선마냥 두둥실
실기한 인생 다모작 나라님도 몰라요

조기에 불어온 명태 조태 태풍 뒷그루
자고 나면 온갖 것 해체되는 요지경 속
핵폭탄보다 무서운 울타리가 흘린다

86시 단상

설달 그믐날 밤 86시 말 무렵
책상머리 기대어 상념에 잠기나니
넉 잠을 자고 섶에 오른 투명한 누에다

슬슬 풀어놓은 실오리 감기는 밤
자충수로 몰린 삶이 자승자박 적소로다
秋史는 유배지에서 '세한도' 를 남겼고

이렇다 할 기별마저 싹둑 잘린 공간
해도 함이 없대도 작위이부작(作爲而不作) 등마저 꼬부라진
번데기, 우화등선할 어느 날이 새려나

하늘 수박 땅에 있기 서러운 날

오곡도 풍성한 음력 9월 열이렛날

고운 햇살 아래 다듬은 날갯죽지

제힘에 겨워 겨워서 퍼덕이는 저물녘

수도꼭지 얼어 터진 음동 섣달 열사흘

서창가 바람 소리에 귀가 얼어붙는 밤

가슴 속 천길 바다도 세파는 못 당하네

포은대(圃隱臺)* 가는 도중

고인이 밟은 산길 오늘따라 짚어간다
산천도 님을 만나 더불어 이름났네
꼬리 긴 꽃샘추위가 구불구불 따르는…

철개미 배를 나는 복개천 감냇거랑[坎川]
군데군데 남은 소엔 오리 때 그날이겠지
한적한 고하 갱빈엔 공장이 늘어섰네

나비 나비 날라 오느라 길동무하자
심심한 상수원지구 시냇물 졸졸 졸…
지팡이 끝 다담다담 육백 년을 더듬는다

들숨 날숨 몰아쉬며 기어오른 층층대요
장송(長松)은 어디 가고 산죽 홀로 풋풋하다
베푸신 고결한 지절 유허비석 삼 형제

바위를 안다리 감은 참나무 옹골차다
까치발로 솟은 대[圃隱臺] 어찌 이리 편안할까
바둑판 가져오느라, 말술인들 못 따르랴!

저 창공을 찌르는 단장 끝을 보아라
곧은 청절(靑節) 삼천 척 반구대는 알리라
맑은 물 구곡천 강심(江心) 그림자 본 받는다

* 포은대(圃隱臺) : 울주군 언양읍 대곡리 암각화 국보 제285호 상단부에 반구대 밑 포은대가 있다. 고려 말에 포은 정몽주가 이인임 등이 주장하는 '배명친원' 외교시책을 반대하다, 언양에서 귀양살이할 때 자주 들린 곳이라 전해온다. 후인들이 '圃隱臺' 석 자를 암각 해 놓았다. 이곳에 유생들이 1712년에 세운 반구서원(圃隱. 晦齋. 寒岡 배향)이 있었는데, 사연댐 축조로, 북쪽 강 건너 맞은편에 옮겨 놓았다. 2016년 3월 11일 요도적소(蓼島謫所)에서 포은대(圃隱臺) 까지 약 7㎞(18리)를 도보로 탐방하였다.

푸른 기와집 1

푸른 집 은쟁반은 옥구슬이 제격인데

도토리도 이웃사촌 대굴대굴 소리 난다

제상(祭床)에 못 오르는 외톨(single)밤, 신결(single)은 못 가는 곳.

제IV부

초우(艸牛) 통신

김창현(金昌鉉) 선생께

경인년 호랑이는 전설 속으로 숨고
신묘년 토끼 뿔 없어도 평화를 즐기고
『월명산 진달래꽃』을 가슴속 품을래요

때는 가축 재난으로 세모가 어수선한데
농초님들 고초가 무더기로 생매장
야박한 시속(時俗)이라서 시상(詩想)마저 매몰

이무식 회장님

『영주시조』 창간을 충심으로 축하합니다

귀한 책 울산까지 보내주셔서 감사합니다

영원한 『영주시조』의 발전을 기원합니다

리영성(李英成) 선생께

『연습곡, 사랑』 다 읽고 축하합니다.
세상을 향해 통쾌한 호통 칠 일이야
"아, 이런 죽일 놈이 야, 이놈아 들어라"

어쩌면 서벌 선생을 만난 착각
술 냄새, 긴 전화가 없는 걸 보면
꼭 전화 없는 마을로 이사 간 모양

그쪽 진주에는 글 벗이 많으니
혹시 후문이라도 알고 계시는지요
선생에 대한 마음 정리 덜되어하는 이야기

시조집 『습작 65편』을 한 둥치(60권)를
울산 문인들에게 전해달라는 부탁을 받고,
별안간 소식이 두절, 궁금증을 올립니다

박영식 회장님께*

월례회에 참석 못 해 빚쟁이로 삶이다
나이 핑계, 거리 핑계, 밤 핑계 줄 사탕
넓적이 살펴주시면 벼룩 낯짝 서지요

한 가지 부탁지사 다름이 아니고
시조집 수차 상재하다 보니 드물게
독후감 써준 분에게 고맙게 여긴 나머지

우선 회장님께 보내오니 읽어보시고
'12년도' 연간집 부록으로 편집 건의
외람된 말씀이오나 짧은 글을 올립니다

* 박영식 회장님 : 울산시조시인협회 회장.

석가정(石佳亭) 선생께

『詩緣일세! 봄 꿩 스스로 울고』

농업을 시연(詩緣)으로 택한 인연이 같아
책 한 권을 단숨에 다 읽었습니다
초록은 동색이라고 동몽상연 벗이지요

“반짝이는 나의 영혼
묵정밭에 갈무리고

한 맺힌 푸르름이
호미 날을 세웁니다.

풀 목숨
간수할 지평
어디쯤에 있습니까.”

초심을 늘 간직하며 창작을 다잡습니다
졸저 『콩 난알을 주우며』를 동봉합니다
문운과 건강이 늘 함께하시기를 기원합니다

안창범(安昶範) 선생에게

안면도 없이 서신을 올려 죄송합니다
울산 〈대곡 암각화〉 이웃 면에 살고 있는
시조를 짬짬이 쓰고 있는 시인 老農입니다

인터넷을 검색하다 우연히 선생의 보급판
"잃어버린 배달 사상의 기원" 말하자면
위대한 『우리 민족의 고유사상』 만났습니다

논리가 정연하고 道 · 儒 · 佛 삼위를
仙으로 귀납시킨 점에 매료되었습니다
하오니 송금계좌번호 알려주시면 합니다

엄계옥 시인에게

『내가 잠깐 한눈판 사이』를 받아 모셔두고
가을걷이 사이로 틈틈이 눈 밝히고 읽었어요
'일곱 살 난 울고 있는 아이' 를 발견했습니다

우는 아이에게는 '곶감' 이 약이듯….
내 안고 있는 아이, 언제나 '아홉 살' , '열 살'
이 아이 나이는 천만년이 가도 먹지 않는 아이

농첨지는 이 아이를 누구께 줘야 합니다
왜냐구요! 그냥 버리면 죄가 되잖아요
문자로 기러기발을 동쪽으로 날렸지요

옛말에 "부처는 '노인' 의 몸을 빌고,
'黃口' 의 입을 빌려 법을 전한다." 했습니다
8십에 중턱 두 눈 다 팔고 나니 '내가 없네요'

예당(禮堂)*선생에게

1
시조집 『겨울 발해』 상재를 축하합니다
한 편 한 편 읽을 때마다 무의식 폭발
고추장 안 먹었는데도 속이 자꾸 아려옵니까

2
우리 선조님들은 역사를 유기했습니다
후손에게 알게 모르게 숨겨왔습니다
중원 땅 물러 받은 텃밭 내주었기 때문

3
텃밭이 없는 유민이 무슨 역사를
후손들에게 말할 면목이 있었겠습니까
'처녀가 애를 낳아도 할 말이 있다' 는데…

4
저 일본을 보십시오, 역사를 왜곡해서라도
자국민의 내부 결속을 도모한 나머지
이웃인 우리를 못살게 굴고 있지 않습니까

5
대륙 9주, 남북 5만 리 동서 2만 리 경영
급기야 한반도까지 밀려난 처지를
눈감고 말하지 않고 숨겨버렸습니다

6
상원갑자(B.C. 8937) 10월 3일 대륙의 서쪽 끝
감숙성 돈황에서 훈인 씨(桓因 氏)개천 이후
고려조(A.D. 918~1393) 475년까지 10,330년 중원을 경영

7
한반도에서 도읍한 일은 한양조선 뿐
고려조 이전은 역사는 대륙역사
"과거에 말 걸지 않으면 미래는 없다"

8
따옴표("")안 금구(金句) 진실로 동감입니다
분단된 조국일망정 불씨가 아직 남아
희망은 남아있습니다 죽지는 않았습니다

9
대한민국 나아갈 길은 땅이 아니라
문화입니다 만천 년 전부터 내려오는
짚신에 백의를 입고 갓을 갖춘 문화민족

10
'한류(韓流)' 가 국경이 없음을 보아왔습니다
우리 문화는 압축된 고농도의 원액
『천부경』『3.1신고』로 배양된 홍익인간(弘益人間)

11
어릴 적부터 곤 뜨고 바둑 배우고
윷놀이 투전(鬪牋)놀이 자치기 재기차기
뿌리가 『천부경』에 닿아 내려오고 있습니다

12
지명사 변천을 모르면 그 역사는 거짓
한국과 만주지명 오염이 극심한 것
우리의 상고사 열전 모두 다 중원이다

13
"시인 권갑하는 한동안 발해의 영역에서
헤어 나오지 못할 것이다."에 동감이면서,
상재한 『겨울 발해』를 충심으로 축하합니다

*예당(禮堂) : 시조시인 문화 콘텐즈 박사 권갑하의 호.

오계아 시조시인님

1
『우물 안 세상만사』 그 이후 안녕하십니까
천리안 개구리만 다부랑 그리는 우물
달팽이 박쥐에게도 문 열어 주시지요

2
16대 종부 오백 년 오름 구비 구비에
선교 유교 불교 기독교 위안인가 구원인가
팔일오 사일삼 육이오, 우리는 누구입니까

3
늘그막 외로운 탈출구는 오직 독서
문학 시인 출세, 단번에 5백석지기
부러운 부자 이십니다 날이날마다 새롭소서

4
미지의 동갑 시인 있다는 것은 희망
설전후로 읽었습니다. 출간을 거듭 축하
'골방' 에 文星의 빛 늘 빛나시길 바랍니다

임석 님에게

『돌에 새긴 원시』 옥서 잘 모셨습니다
책상머리에 두고 항상 감상하겠습니다
언제나 꿋꿋한 온정에 감사하고 있습니다

이우걸(李愚杰) 선생께

『그대 보내려고 강가에 나온 날은』
잘 받아 모셨다고 문자 메시지 보낸 후
책갈피 아주 적은데 속 꽉 찬 김장배추

한 손으로 들 수 없어 양손으로 안았지요
배추 김장 잘 담근 이우걸 시조 김치를
때마다 꺼내먹을래요, 큰일 앞두고 꼭 이루소서

이철호 님에게

보내주신 책 『바람의 도시』 잘 모셨습니다
내가 알지 못했던 이웃이 있다는 데 감사하고
옥서(玉書)를 보내주셔서 너무나도 고맙습니다

졸저 『천부경(○△□)은 $(-1)^n$이다』
다 읽고 독후감을 발표까지 해주시니
황송한 마음 비길 때 없습니다 감사합니다

최용관(崔容觀) 선생 안녕하십니까

『自由文學』 수상 인연으로 맺은 우의
지금은 이국땅이라고 해야 할 대륙(大陸)
회답을 받고 보니 친면을 대하듯 반갑습니다

고온 무더위에 며칠간 소나기 반복
고추 농사 100포기, 천일에 말려야 하는데
널었다 들였다 소나기와 씨름판 벌였습니다

『인부경』 『지부경』을 발견한 사람이
중국의 〈북경 자수 대학교 총장〉으로,
임완수 스님, 〈오백나한종 총본원 종정〉

『천기요』 상항권에서 발견되었다고 하니
『천기요』 책 내용이 무척 궁금 지사라
임완수 스님의 주소를 수배(手配)합니다

최민자 교수님께

안면도 없는 늙은이 느닷없이 글을
올리게 된 까닭은 최 교수님께서 지으신
『천부경』·『삼일신고』 및 『참전계경』 만났어요

하루 동안 84쪽까지 탐독하고 나니
학문 · 사상 · 철학적 깊이 알 것 같아요
'초발심' 이 무엇인가를 알고도 남습니다

부파적 불교 회통(會通)한 원효대사
환생을 보는 심정에 젖습니다
우주적 훈(桓 : 韓) 사상을 통하여 이채로운 정의(定義)

'통섭적 내면적 존재 혁명' 놀랍습니다
교수님 전집을 읽어볼 요량입니다
당나라 百丈禪師의 생활청규 '農禪' 입니다

〈一日不作 一日不食〉 생활신조 삼고
농업을 '禪' 의 대상으로 삼았습니다
지금은 텃밭 농사로 소일하고 있는 노농(老農)

『천부경』·『인부경』·『지부경』〈新해독〉
만연의 나이(84~87세)에 〈『천부경』 두 권 상재
『천부경』은 사물의 해석기하학이다〉를 수태 중

『天符經』은 시각에 따라서 달라지는 것
일궈놓은 모든 열매를 거둬드리는
'『천부경』 통섭' 이 요구되는 시점입니다.

『天符經』 정의를 역자마다 못 내린 실정
다만 『부도지』에 명시되어 있다시피
〈'天理' 와 '數理' 가 '符信' 처럼 '符合' 한다〉는….

'부처는 말라빠진 노인의 몸을 빌고…,
黃口를 빌어 법을 전한다' 고 했습니다
우편물 도달할 수 있는 주소를 알려주십시오

황다연(黃茶蓮) 선생께

오늘 비, 경칩인데 촉촉이 내립니다
생각은 군것질처럼 이것저것입니다
개구리 소식은 멀고, 매화가 눈 부비고….

전화로 졸저에 격려하여 주셔서
감사하다는 말 드리고 싶어서
자판을 콕콕 콕콕 콕 모이를 줍습니다

'황다연' 인터넷 속으로 들어가 보니
폭넓고 깊은 '원만보신', 편안하고 아늑합니다
짬짬이 꿀벌처럼 들러 꿀과 향 훔치겠습니다

한 가지 청탁하고 싶은 것은 사제의 시집
『팔레트 속에서 사리가 나온다』를
읽으신 '독후감'으로 써 주시기 앙청

제 V 부

회귀(回歸)

가부장제(家父長制)

지구를 땅땅거리던 아버지 기침 소리

이 땅 초유 인류 지진에 짚신 간발이다

한숨을 어깨띠 매고 유네스코(UNESCO) 가는 거

* 노트 : '가부장제'는 까마득한 옛날 지금으로부터 기원전 상원갑자(上元甲子: BC, 8937) 시월 초삼일에 대륙 천산(天山) 자락 돈황(燉煌)에서, 인류사상 처음으로 정통국(正統國) 신시(神市)를 세운 반고(盤古) 훈인 씨(桓因氏) 때부터 시작되었다.

훈인 씨(桓因氏)의 부인은 '모르는 것이 없다' 하여 막지(莫知)라는 이름이 생겼다. 그래서 상원(上元) 어른, 상원 부인(上元 夫人)이라는 택호도 생겼다. 이로부터 우리 훈민족은 택호가 지금까지 이어오고 있다.

팔괘를 창안한 제5세 훈웅 태호(太昊) 복희 씨(伏羲氏 : BC. 3512)와 여왜 씨(女媧氏 : BC. 3419)와는 이복 남매간이자 부부간이다. 선양(禪讓)에 의하여 제위를 물려주었다. 옛날의 제황(帝皇)들은 도(道) · 선(禪)을 이루지 못하면 부부가 될 수 없는 불문율이 있었다. 그러나 훈웅과 웅녀는 달랐다.(단군신화) 훈인 씨(桓因氏)는 인류문화의 비조이자 한민족(韓民族)의 직계 조상, 태조이다.

'가부장제'는 인류문화가 시작된 이래 아버지와 어머니 사이에 오랜 기간을 두고 부부 사이에서 이루어낸 합작창조물이다.

가자미

육지에 올라와 망친 오징어 부피
사는 법 터득한 지혜 가자미 면적

빼딱한

“낮은 자세” 구호 아래

사시가 된 나의 눈

대궐과 왕궁

어린 시절 보고들은 잠언이자 철학이다

대궐은 '오랜 인연' 그 밖은 못 믿었다

왕궁은 '지엄한 혈통' 그 밖은 따로 없다

독도

꽃피고 꽃이 지고
새 울어 알 품어도

대한포기 없는 '竹島'(たけしま)
'돌 石' · '돌 獨' 돌섬 · 獨島

이치에 맞아야 하는 법
생떼 부리지 말게나

두 식구 때때옷

민준아, 너는 누구하고 사니? 엄마

민지야 넌? 아빠, 서연아 넌? 할머니

난 오빠, 두 식구 때때옷, 백발부부 甲이다

바람과 구름
— 율려 · 5

파란 하늘에 구름이 둥둥 떠갑니다
구름이 간다하고, 바람이 분다 하네
구름은 바람, 바람은 구름 모양 지어 갑니다

바람과 나뭇잎

— 율려 · 2

나뭇잎은 바람의
아기인지 여인인지

품에 안겨 방실방실
너울너울 춤춘다

춤 따라 나무 꼭지까지
물을 길어 올린다

바람과 파도
— 율려 · 1

바람은 보이지 않고 그림자만 보인다

바람과 물 흘레붙어, 색즉시공 · 공즉시색

갯바위 끌어안고 폭삭 내려앉는 후소(後素)

부부

— 율려 · 6

'다홍치마에 길 드린다' 고
애쓰다 드린 알량한 공(功)

미운 정 고운 정 다 쌓아 올린 백두산정

도리어 내리막길은
내가 이리 길드는 걸….

분수(噴水)

성나고, 꾸짖을 일,
화날 일 있으시다면

모두 모두 나에게로 와 안겨 주세요

그 무엇, 한순간 폭삭
내려앉을 포말

비 · 나뭇잎

— 율려 · 3

비가 온다, 부슬부슬 나무에도 내리네

물방울 또닥또닥 주룩주룩 잎맥 따라

천만 개 폭포가 되네, 뿌리에는 물 주게

비 · 연잎

— 율려 · 4

蓮밭에 장대비가 주룩주룩 쏟아지네

후두둑 말달리네
은구슬 전쟁이네

고이면 되질을 하네, 찰랑 차면 이우네

어떤 불화(佛畵)

〈그림〉 〈박광호 작〉: 생불(題 필자)

눈물 없는 부처가
부처인가 아인가

님 향해 가부좌 튼
억센 바이스 手印!

참회의 이슬방울로
화선지 다 젖는다

*노트 : 작자 박광호 화백은 전신 마비 장애人 화가이다. 그의 부인 申경희(본명 정주) 시인이 나에게 '메일'로 전송해온 것이다. '생불'이라고 題를 부쳤다.

능소 화수원(能所 花樹園)

講堂1길* 걸어가면 배꽃 피는 과수원길
신불산 등산객 사시장철 울긋불긋
색동옷 철철이 갈아입는 기화요초 '능소화원'

한발 한발 자국마다 볼거리 많은 들길
주인 닮은 돌담 녘에 줄장미 큰 흰찔레꽃
오는 이 가는 이 보려고 고개 드는 茶나무

울안을 인도하는 예쁜 간판 두 개
꽃향기 샘솟는 인형이 사는 동산
'다도'의 '명상'에 취해 깨어있는 '향천당'(香泉堂)

* 강당1길 : 울산광역시 울주군 삼남면 강당1길.
  – 간판 : 1. 社團法人 韓國茶道協會 蔚州支部
  2. 사단법인 한국茶명상협회 양산영축지부
  3. 향천당(香泉堂) : 안주인 최정희의 호.

전봇대와 담쟁이

대문 앞 길가에 고압 · 전봇대
아기를 업고 이름표 형광 각대에
손차양한 체 먼발치 내다보며 서 있다

어느 날 이웃에 불법 입주한 담쟁이
실오리처럼 미미한 존재 터셈이다
날 가고 달 가고 몇 년, 십여 년 지난 후

'굴러온 돌이 박힌 돌 밀어내' 는 세월 속에
고목(高木) 킬라 문어발과 공존하는 키다리
가끔씩 얼굴 빠끔히 면모하고 생긋 웃는

잃어버린 자연 '자연으로 돌아가라'
더운 피 흐르는 모묘(母苗) 데모 초록의 뜻
곧은 뼈 초록에 묻은 갈망 어디쯤 오고 있나

우리는 우리를 너무 모르고 있다

1
'동해 물이 마르고 닳도록' 노래한다
'유구한 역사 반만년' 자랑하는 입버릇
민담(民譚)에 회임 기간이 열(10) 달이라 전한다

2
음력으로 따져 봐도 2백9십일이고
양력으로 따져 봐도 3백일이 나온다
불경(佛經)인 『부모은중경』은 열(10) 달이라 외운다

3
인도와 한반도는 직선거리 2만 리
그런데도 같은 말이 전해오는 걸까
불교가 우리나라에 전래되어 그런 걸까

4
인도의 최남단과 스리랑카 북부지방
우리 민요 '아리랑'은 인도 타밀어 '자장가'
윷놀이 제기차기 딱치기 쥐불놀이 등 똑 같다[1]

5
『천부경』 시대[2] 달력은 1주는 7일이다
한(1) 달은 4주에 2십8일이었다
1년은 364일 13개월 기초 수다

6
한 해의 마지막 달은 큰달로 쳐 1일 더하니
365일 평년일 수, 거기에 3년 반마다
윤년은 1일을 더 보태 366일이더라

7
한 달 28일은 사람의 생리 주기
회임 기간 10달로 280일이더라
윷놀이 말구무 수가 28로 한 달을 상징한다

8
『천부경』은 천리(天理)와 수리(數理)가 부합한다
월사(月事)가 주기적으로 있다는 것 천리(天理)이고
꼬박이 28일마다 있다는 것 수리(數理)다

9
태양력도 아니고 태음력도 아닌 것
자연주의 인본주의 수리적 보편주의
수리(數理)는 동서고금을 막론하고 공통언어

10
한반도에 통일의 봄바람 불고 있다
통일의 제단에는 허섭스레기 올리지 말자
'우주의 본바탕 희다 하여 백의를 숭상했다'[3]

11
'백의민족' 은 조선 · 한국 대표하는 대명사다
일제식민지 · 유교국가 · 불교국가 밑에서도
꼰 · 바둑 · 윷 · 세시풍속 이어온 것 백민(白民)이다

12
놀이문화 뿌리는 『천부경』[4]에 닿아있다
상원갑자(BC. 8937) 시월 삼 일 감숙성(甘肅省) 돈황(燉煌)에서
위대한 '우주철학사상' 으로 개천(開天)한 환국(桓國)이다[5]

13
천축국(天竺國)은 환국(桓國)의 부족국의 하나다[6]
신라(新羅) 때까지도 부족국가로 속한 적 있다[7]
경주(慶州)는 지금의 감숙성(甘肅省) 난주시(蘭州市)다

14
우리의 상고사 판도가 인도(다밀어 지역) 아니라
파미르고원 곤륜산 천산 지역이었다
강역(疆域)은 고려까지도 중원대륙 있었다

15
27일(4월) 역사적 남북정상회담 열린다
'완성은 빈대떡 뒤집듯 멋진 한판 뒤집기'
역사를 바로 세워야 진정한 봄, 봄이 온다

1 : 출처 토론토 김정남 전자편지에서. 한국타밀어연구회장. 캐나다 경제신문 근무 중.
2 : 훈민족(韓民族)의 상고사는 중원대륙의 서녘 끝 신강성 화전(和田 : 伊田園)과 감숙성(甘肅省) 돈황(燉煌)이다. 훈인(桓因 : BC.8937)이 7세로 5,039년을 다스렸고, 훈웅(桓雄 : BC.3898)이 18세로 1565년을 다스리고, 단군(檀君 : BC.2333)이 47세로 2333년을 다스려 내려왔다.
3 : 『한 民族宇宙哲學思想』 13쪽 1.백의민족(白衣民族)의 정리. 이중재 저.고대사. 2009. 2. 22.
4 : 『천부경』(○△□)은 $(-1)^n$이다. 78쪽. 저. 천산. 2014. 6. 20.
5 : 『한 民族宇宙哲學思想』 15쪽. 이중재 저. 고대사. 2009. 2. 22.
6 : 인도의 5천축 국 중 가비라성 고타마 싯다르타 석가모니가 출가해서 동방지역(돈황지역)의 미륵 부처들 앞에 나타나 그들의 도법 자연사상을 직간접으로 배워가서 득도했다. 저 『천부경』(○△□)은 $(-1)^n$이다. 10쪽 하~11쪽 상. 신세훈 평설에서.
7 : 『천부경』(○△□)은 $(-1)^n$이다. 11쪽 상. 신세훈 평설에서.

풀에게

바람이 흔들면 흔드는 대로 눕고
바람이 잠잠하면 제자리에 섭니다
인류가 눈 뜬 이후로 늘 그랬나 봅니다

꺼질 줄 모르는 밤빛 무지개 아래서도
옆을 보지 않는 바람, 앞만 보고 가는 바람
역구 역 지하도 모롱이 새우잠 든 새파란 풀

꺾이었다 쓰러져도 일어설 줄 아는 풀
바람 탓 아니라고 일러주고 싶은 말 대신
내 짚던 명아주 지팡이 두고 왔네 살짝이

회귀(回歸)

연어는 알을 품고 모천(母川)으로 돌아온다
여우도 죽을 때는 고향 쪽 머리 둔다네
이것을 '귀소본능'이라 말하면 간단하다

91년 회갑 나이 『文學世界』 늦깎이로
문림(文林)에 나와 어언 이팔(28)이네
남쪽의 나라 아닌데도 기러기발 없었다

시조집 다섯 권 묶고 여섯 번째
아는 이 없어도 메일 한 통 날렸지
모지(母紙)에 또 기약할 수 없는 가난한 여일

가난한 사람 빚 갚는 심정 이러할까
米壽 기념 팔십팔 수 일시불로 갚는다
영원한 『文學世界』 발전을 위해 두 손 모은다

『천부경』의 도해(圖解)

一. 들어가며

1. 『천부경』나라 환국(桓国) 기원과 식민지 역사

『천부경』은 반고(盤古) 환인 씨(桓因 氏)가 상원갑자(BC. 8937) 10월 초3일, 중원대륙의 서녘 끝에 있는 천산(天山) 자락 감숙성(甘肅省) 돈황(燉煌)에서 인류사상 맨 처음으로 부족연합국가 신시(神市 : 정통국)를 세우고 『삼일신고』(三一神誥)와 함께 베풀었던 개천(開天) 선언문이다. 환인(桓因)이 7세에 5039년(상원갑자 기준. '역년은 불가고야' 라 하였다)을 다스렸다.

그 이후로 환웅(桓雄) 배달국이 18세에 1565년을 다스렸으며, 이어서 단군이 47세로 2333(무진 : 戊辰)년을 다스려 이어온 것이다. 금년 무술(戊戌)년이 서기 2018년이므로 모두 합하면 10955년이라는 나라 햇수의 답이 나오는 것이다. 이것은 만세력 역법인 60진법에 의한 것이다.

『삼국유사』에 의하면 "석유환국(昔有桓国) 최고야(最古也)"라고 기록되어 있는 것을 일제가 우리나라를 강점하기 위하여, 문화적으로 앞선 한국을 지배하기 위하여서는 역사부터 왜곡 날조해야 했던 것이다.

그래서 '옛날에 환국(桓国)이 있었는데, 가장 오래된 나라다' 라고 한 것을 '国' 자를 '因' 로 날조하였던 것이다. 그렇다면 '옛날에 환국(桓國)이 있었다.' 는 사실을 은폐하고 '옛날에 환인(桓因)이 있었다.' 는 일개 사람으로 왜곡했던 것이다(今西龍).

그 결과는 단군의 건국기원을 진짜 곰과 범이 결합하여 단군이 탄생하였다하여 신화로 날조하였던 것이다. 단군역사(2333년)가 신화로 둔갑을 하니 자연적으로 한웅(桓雄 : 1565년)은 물론 한인(桓因 : 5039년)까지 소급하여 10955년(상원갑자 기준) 역사가 신화로 매도하여 조선 역사를 왜곡 날조해버린 것이다.

이와 같은 왜곡 날조된 식민지 역사를 민족반역자 일제 식민어학자인 이병도(李丙燾)가 까려놓은 '새가리(막 알에서 부화한 이(蝨))' 들에 의하여 광복 이후 70년이 넘도록 가르치고 있으니, 역사의 광복은 아직 이루지 못하고 있는 실정이다. 이는 오로지 이 나라의 정치인과 교단 사학파에 의한 교육의 잘못에 있다고 할 것이다. 그러나 모든 국민들도 국사(國史)를 우리 손으로 이루지 못했다는 책임에서 자유로울 수는 없다고 할 것이다. 통일로 가는 길목에서 청산해야 할 과제이다.

지금 한반도에는 계절의 봄바람뿐 아니라, 통일로 가는 봄바람이 불고 있다. 잃었던 역사에도 봄바람 일고 있다.

2. 옛날 부족국가 상징물 토템(Totem)

옛날에는 동물을 가지고 부족을 대표하는 토템(Totem) 상징물로 삼았다. 『천부경』을 베푼 반고 환인 씨(BC. 8937)는 백견(白犬)을, 태극과 팔괘(八卦)를 창안한 태호 복희(BC. 3512) 씨는 뱀을, 농사짓는 방법, 한의학의 창시자로 알려진 염제신농 씨(BC. 3071) 및 자오지 천황(치우 : BC. 2707) 족은 범을, 황제 헌원(BC. 2679)족은 곰을, 그리고 신라의 먼 조상인 소호금천 씨(BC. 2578)는 독수리를 각각 토템(Totem)의 상징물로 삼았던 것이다.

단군의 건국 기원(신화가 아님)에서 나오는 '곰' 은 황제 헌원 부족이며, '범' 은 제14세 차오지 천황(치우천황) 부족을 의미하고 있는 것이다. 그래서 '곰' (황제 부족)과 '범' (치우 부족)이 탁록(涿鹿)에서 10년간 73회에 걸친 대접전이 있었던 것이다. 이 탁록 전쟁은 인류역사상 가장 큰 전쟁으로 꼽히고 있다. 그 당시 치우의 병사도 1천만 명이 넘었으며, 황제의 군사는 1천 3백 5십만 명이라고 『자치통감』(資治通鑑) 제38권 왕망(王莽) 편에 나와 있음을 볼 수 있다. 우리가 88올림픽 때 '호돌이 마스코트'를 들고나온 것도 여기에서 유래하고 있다.

'곰 부족'과 '범 부족'의 전쟁으로 인한 갈등을 화해하는 방법은 통혼(通婚)이었다. 역사적으로 황실간의 화해로 통혼하는 사례가 수없이 많다. 단군기원(起源)에 관한 이야기에서도 '곰'과 '범'이 동굴에서 햇빛을 보지 않고 쑥과 마늘을 먹고 깨달은 사람이 되게 해달라고 기원을 하는 것이지, 절대로 동물인 '곰'과 '범'이 사람 되게 해달라고 기도하는 것이 아니다. 은유되고 해학적으로 기술된 문장이다. 그래서 곰 부족 처녀는 깨달은 사람이 되었고, 범 사내는 성질이 급해 동굴에서 뛰쳐나와 도(道)를 이루지 못했다는 요지이다. 옛날에는 도를 이루지 못하면 완족이라 할지라도 제후국 군주도 될 수 없는 불문율이 있었다. 여기서 단군기원 설화는 '곰' 부족과 '범' 부족의 화해를 해학적으로 표현하고 있다.

3. 『천부경』과 수열

반고 한인 씨는 수열(數列)로 된 『천부경』을 설하셨고, 태호 복희 씨는 18세 한웅(桓雄) 중에 제5세 태우의 한웅의 12째 아들이다. 복희 씨는 도(道)를 이루어 팔괘(八卦)를 창안하였음은 주지의 사실이다. 우리나라의 태극기도 여기에서 유래하고 있다. 주역의 근간이 되었다. 즉 0(무) → 1(대극) → 2(음양) → 4(사상) → 8(팔괘) → 16 → 32 → 64(괘)…로 앞수의 제곱이 다음 항의 수가 되는 수열이다. 자연계에서 이와 같은 수열 현상으로 살아가는 것은 생물의 단세포 분열현상이다.

여기에서 치우천황에 관한 업적 한 가지를 이야기하고자 한다. 치우천황이 창안한 우리가 과거에 즐겨 놀았던 투전(鬪牋)이 있다. 투전은 1에서 10까지 숫자에 인물 · 조수(鳥獸) · 충어(蟲魚) · 문자 · 시구(詩句) 등을 그려, 각각 다른 그림으로 4장씩 한 조로 된 총 40장이 한모가 되어 있다. 쉽게 말하면 일본(日本)의 화투(花鬪)는 1월에서 12월까지 각조 4장씩 48장으로 되어 있다. 11월 오동과 12월 비를 뺀 것이다. 놀이 방법은 한사람 앞에 5장씩 분배하여, 먼저 3장으로 망통(10, 20, 30)이 되게 한다. 이것을 '짓다' 라고 하며, '짓' 고 난 다음에 2장의 '끗발' 로 승패를 가리는 놀이이다.

3장으로 '망통' 이 된다는 것은 예를 들면 1+2+7=10, 3+8+9=20, 10+10+10=30이 되게 하는 놀이이다. 이것을 현대 수학적으로 해석해 보면 먼저 a=(1+2)=3, b=(a+7)=10 고로 a+b=10이 된다. 즉 앞 두 항의 수합이 다음 항의 수가 되는 피보나치 수열을 이루고 있다는 점이다. 앞에서 이야기한 팔괘도 수열이지만 투전놀이도 수열이라는 점이다. 이 피보나치 수열은 나선형(螺旋形) 운동 양식을 취하고 있다. 자연계의 모든 생성 변화하는 현상들은 이 나선상운동을 취하하고 있다.

4. 일제의 강점과 역사 날조 및 왜곡

일제는 우리나라를 강점한 이후(1910) 서적 약탈 소각뿐 아니라 우리나라 역사를 왜곡하기 시작한다. 1922년 12월에 '조선사편찬위원회' 를 만들어서 사료를 수집해서, 『조선사(朝鮮史)』를 편찬한다. 1938년까지 본문만 35권이 되는 『조선사』라는 역사책을 일본인들이 만든다.

우리의 역사는 단군(檀君) 환웅(桓雄)까지만 해도 5~6천 년이 된다. 그 절반도 안 되는 일본의 역사로 우리를 지배하는 것은 무리다. 그래서 원래 1,300년밖에 안 되는 일본의 역사를 2,600년으로 늘렸다. 그리하여 국조(國祖)와 상고사(上古史)의 부정, 한민족은 '한반도에만 국한되어 살았던 민족' 이라는 반도사관, 그리고 천하고, 열등한 민족성을 부각시키는데 초점을 맞추어 왜곡한 것이다.

이병도(李丙燾)는 이완용의 질손으로, 금서룡(今西龍 : 이마니시류)의 수서관보로 들어가서, 우리 민족의 역사를 왜곡하는 데 일등 공로자가 된다. 이완용은 조선사편수회 고문으로 되어 있고 이병도는 조선사편수회가 무엇을 하는 곳인지 뻔히 알면서 앞잡이 노릇을 한 것이다. 그것이 합법과 일본국의 비호 아래 교과서라는 이름으로 대학 강단을 점거했던 것이다. 더욱 어처구니없는 일은 해방이 된 후에도 그 기록들이 다시 국정교과서에 그대로 등장했다는 것이다. 여기에 우리나라는 일제로부터 광복은 되었으나 역사의 광복은 멀기만 하다.

이병도는 1925년 조선총독부 조선사편찬위원을 지냈고, 1934년 진단학회(震檀學會) 창립에 참여, 광복 후 서울대학교 교수가 되었고, 1952년 서울대학교에서 문학박사 학위를 받았으며, 1954년 서울대학교 대학원장, 학술원 회원이 되었다. 이듬해 국사편찬위원, 1956년 진단학회 이사장, 1960년 교육부장관을 역임했다. 통일로 가는 봄의 길목에서 그냥 지고 갈 수는 없는 것이다.

5. 단군교 및 대종교(大倧敎)의 대두(擡頭)

일제(日帝)가 우리나라를 강점할 조짐이 보이자, 기울어가는 나라를 걱정하는 우국지사들이 우리 전통과 문화를 지켜야 하겠다는 이념 아래 창립한 것이 '단군교' 이다. '단군교' 가 전에부터 있었던 종교는 아니였다. 본래 전통사상은 삼신교(三神敎)이다. 고대 동방민족들의 신앙 가운데 하느님을 믿는 신도적(神道的)인 신앙체계를 가진 고유 신교(神敎)로 민족기원을 비롯하여 정통사상과 철학을 담고 있다.

그러나 일제 강점기 때는 정체성을 확립하고 국민의 단합심을 고양하였으며, 항일독립운동에 큰 역할을 하였다. 전사한 독립군의 가슴에서 『천부경』이 발견되어 온 국민의 가슴을 뭉클하게도 하였다. 그 뒤 1909년 단군교는 대종교(大倧敎)로 개칭되어 『천부경』·『삼일신고』·『참전개경』을 대종교에서 소의경전으로 삼고 있다.

「천부경」·「삼일신고」은 실질적인 국조인 반고 환인(桓因 : 안파견)에 의하여 제창되었으며, 「참전개경」은 고구려 국상 을파소(미상~203년 : 산상왕 7)가 지었다.

二. 『천부경』 해독

『천부경』은 천리(天理)와 수리(數理)가 부신처럼 부합(符合)한다 하여 『천부경』란 이름이 생겼다. 기하학적 수리경전이므로, 수리는 만년이 지났다고 한들 변할리 없으며, 대한민국 상조선(上朝鮮)의 역사가 신화나 전설 내지는 샤머니즘이 아니라 실사(實史)임을 『천부경』 스스로 증명하고 있다고 할 것이다.

모든 존재는 삼천부인(三天符印) 즉 원(○) · 방(ㅁ) · 각(△)으로 된 천의무봉한 하늘 옷을 받아 입고 태어난다. 그래서 기하학적 문양과 수(數)을 동반하게 된다. 따라서 『천부경』은 사물의 해석 기하학(解析幾何學)이라 하는 소위가 여기에 있다.

『천부경』 전문

一 始 無 始 一[1] 析 三 極 無
盡 本[2] 天 一 一 地 一 二 人
一 三[3] 一 積 十 鉅[4] 無 匱 化
三[5] 天 二 三 地 二 三 人 二
三[6] 大 三 合 六 生 七 八 九[7]
運 三 四 成 環 五 七[8] 一 妙
衍 萬 往 萬 來 用 變 不 動
本[9] 本 心 本 太 陽 昂 明 人
中 天 地 一[10] 一 終 無 終 一[11]

1. 해독

1) 一 始 無 始 一

번역

'1에서 시작하나마 그 1에서 시작하는 것만도 아니다'

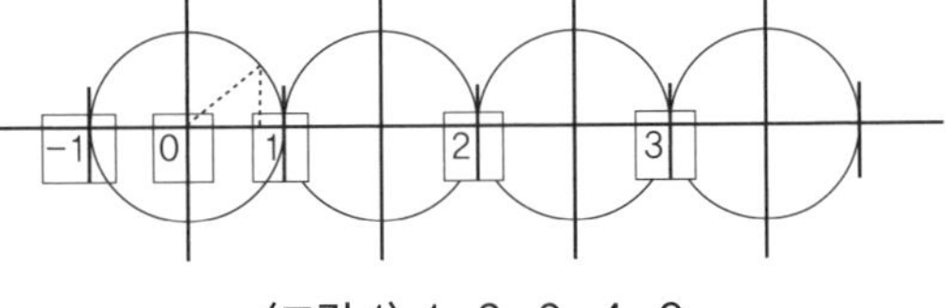

〈그림 1〉 1 · 2 · 3 · 4…9

해석

그러나 또 다른 2 · 3 · 4…9(10)에서도 시작 할 수 있다는 뜻이 함유되어 있다.

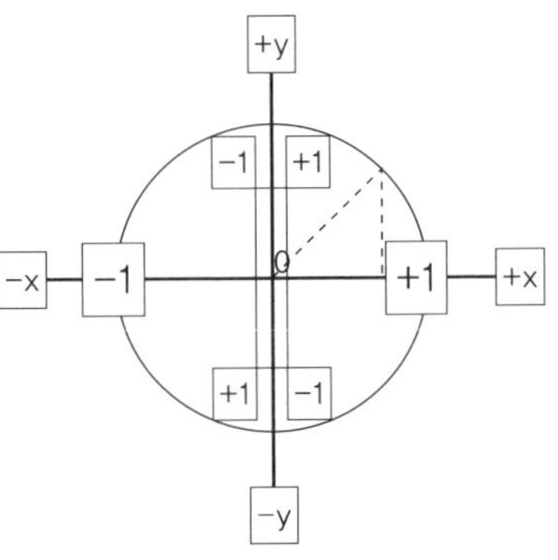

〈그림 2〉 데카르트 좌표계

해설

하나에서 시작하여 연속적 복수적 운동관계를 설명하고 있다.

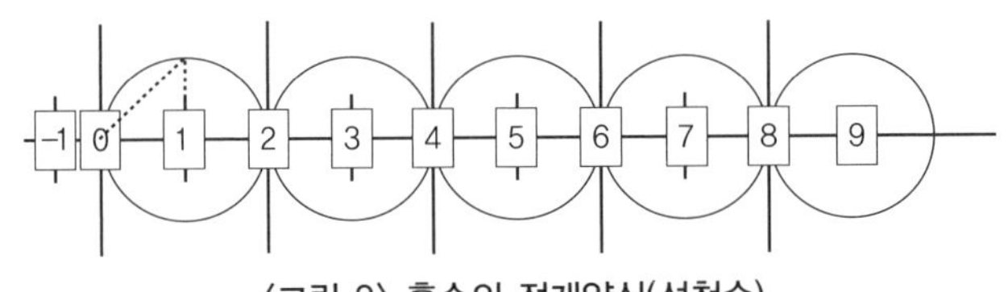

〈그림 3〉 홀수의 전개양식(선천수)

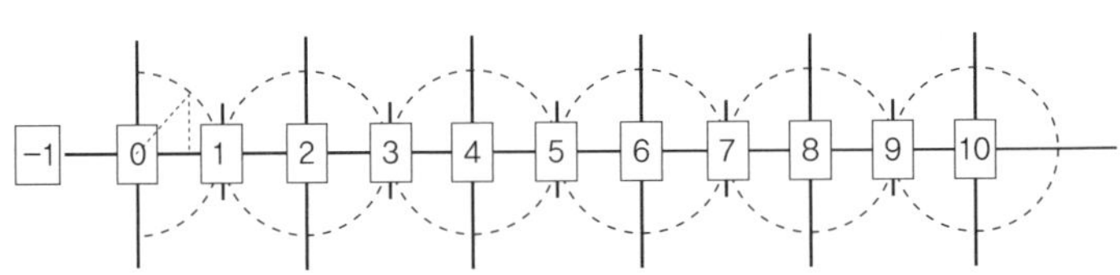

〈그림 4〉 짝수의 전개양식(후천수)

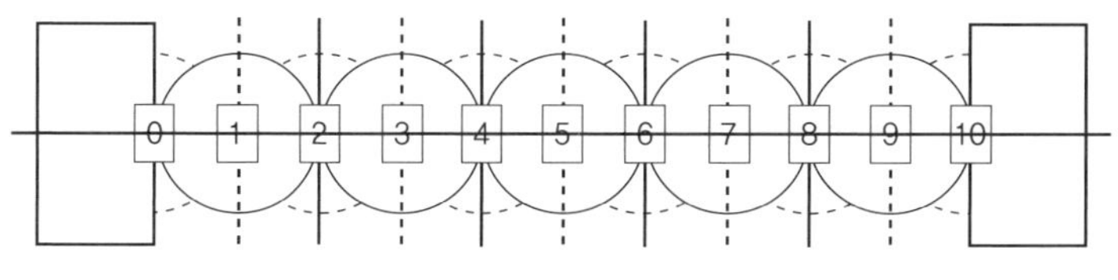

〈그림 4-1〉 홀수 · 짝수의 복합전개양식

2) 一 析 三

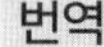

번역

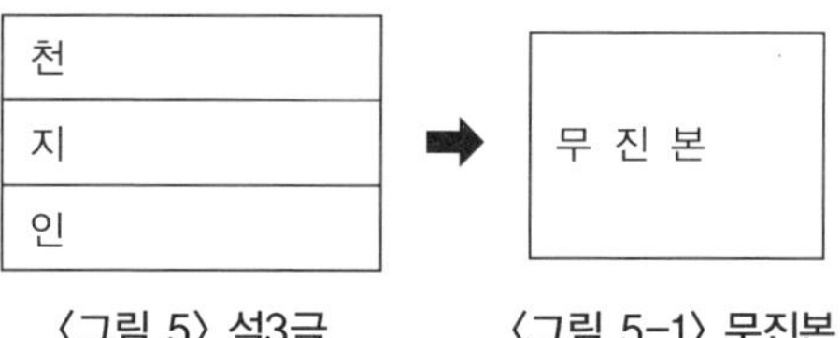

〈그림 5〉 석3극

〈그림 5-1〉 무진본

하나인 이 우주를 구태여 '가른다면 세극, 천 · 인 · 지로 나눌 수 있겠지만〈그림 5〉

해석

진실로 다함이 없는 그 근본은 그 자체다.' 〈그림 5-1〉

해설

일석삼(一析三)은 글자그대로 '하나'를 '셋'으로 나눈다는 뜻이다. 우주를 구성하고 있는 요소는 수없이 많다. 그러나 대별하면 천지인으로 나눌 수 있다는 이야기이다.

3) 天 一 一 地 一 二 人一 三

번역

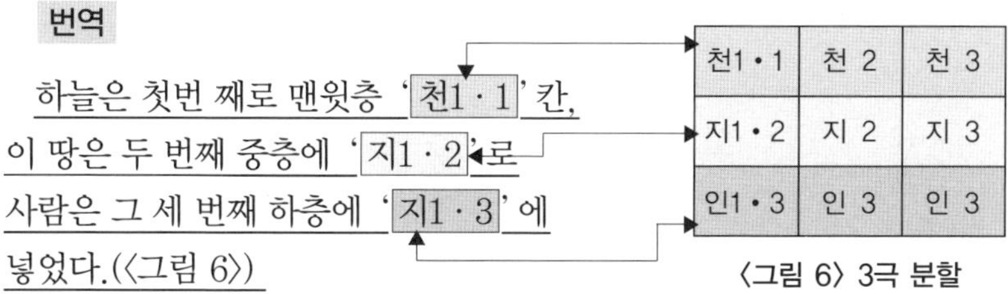

하늘은 첫번 째로 맨윗층 '천1 · 1' 칸, 이 땅은 두 번째 중층에 '지1 · 2'로 사람은 그 세 번째 하층에 '지1 · 3' 에 넣었다.(〈그림 6〉)

〈그림 6〉 3극 분할

해석

위의 '2항'에서 하나를 종횡 각각 셋(3)으로 나누면 3 곱하기 3은 9칸을 이룬다는 뜻이 내포되어 있다.(〈그림 6〉).

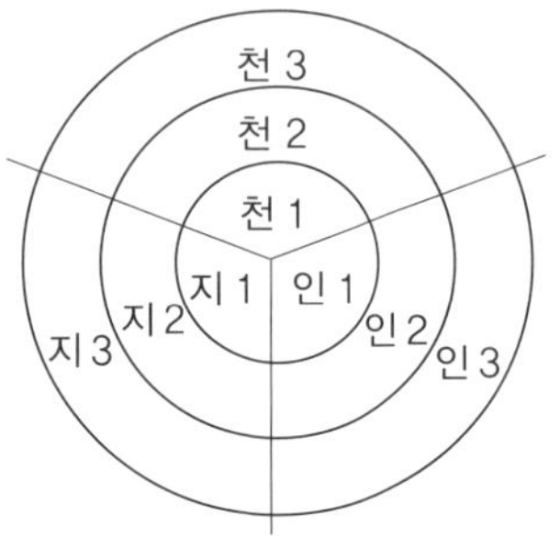

〈그림 6-1〉

해설

그러나 하나(1)를 셋(3)으로만 나눌 수 있는 것만 아니라 무한대로 나눌 수 있다는 내용도 담겨있다.

4) 一 積 十 鉅

번역

'하나(1)가 늘어나서 쌓여나가면 열(10)로 불어난다(무한대)는 뜻을 나타내고 있다.(〈그림 7〉 1적10거).

1	2	3	4	5	6	7	8	9^2
							8^2	
						7^2		
					6^2			
				5^2				
			4^2					
		3^2						
	2^2							
1^2								

〈그림 7〉 1적10거

해석

가로줄 수 세로줄 수를 곱하면 눈금이 생긴다는 뜻이다. 즉 $1^2 \cdot 2^2 \cdot 3^2 \cdot 4^2 \cdot 5^2 \cdot 6^2 \cdot 7^2 \cdot 8^2 \cdot 9^2 \cdot 10^2$이 된다는 뜻이며(〈그림 7〉 1적10거). 또한 이와 같이 칸수를 곱하면 9곱하기 9는 81칸이 된다는 뜻도 함유되어 있다.(〈그림 7〉 1적10거).

해설

• 적(積)자의 뜻

적(積)은 '쌓을 적' 또는 '곱할 적'으로 쓰인다. '바둑'은 줄인 눈금의 수를 샘하는 놀이문화이고, '땅따먹기 놀이'

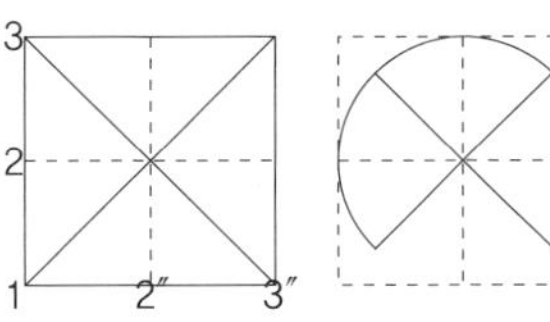

〈그림 8〉 우물고누(가로3 세로3)

는 면적을 이용하는 놀이이다. 모두 너비를 두고 하는 말이다.

• 바둑과 고누 놀이

바둑 외에도 우리의 민속인 '고누두기' 가 있으며, 고누두기에도 여러 가지가 종류가 있다. ①우물고누 ②줄고누 ③곤질고누 ④자동차(자전거) 고누 ⑤호박(되지)고누 등이 있다.

우물고누는 가로세로 각각 석 줄을 택하였다.(〈그림 8〉). 줄고누는 가로 4 줄, 세로 4줄의 말판이고, 5줄 고누, 6줄 고누, 7, 8, 9줄 고누가 있다.

• 고누판과 바둑판

다섯 가지 고누판이 모두 바둑판과 관계가 있는 것은 『천부경』의 일적십거(一積十鉅)에서 갈라져 나온 가지 들이다. 우물고누는 바둑판의 '천원점'(天元點)을 중심으로 한 9집이다. 고로 바둑판의 종가에 해당한다(그림 8). 그리고 5줄, 6줄, 7줄, 8줄, 등은 5 적(5^2), 6 적(6^2), 7적(7^2), 8적(8^2)에 각각 해당한다. 10줄 고누판은 고누판이자 10줄 바둑판이다. 바둑판은 10줄 데카르트 좌표계이다.

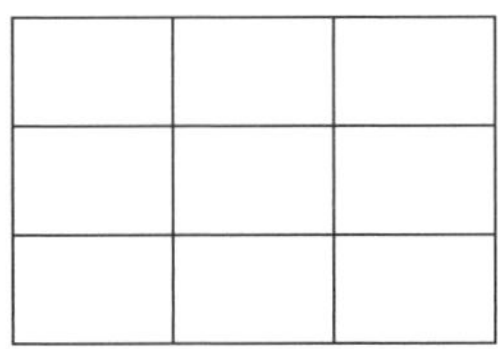

〈그림 8〉 4줄 고누

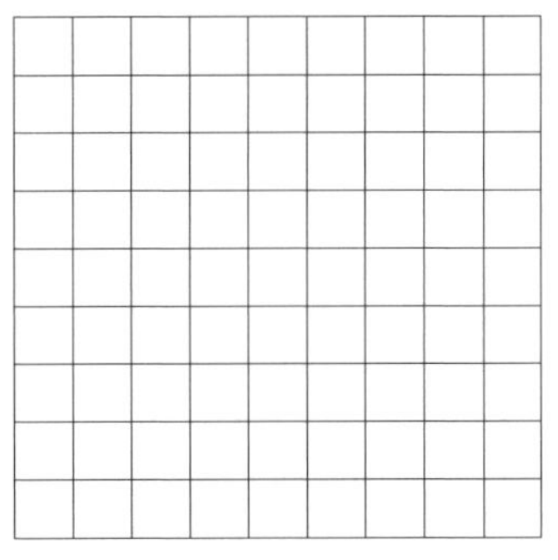

〈그림 8-2〉 9줄 고누

우리나라의 놀이문화의 하나인 "고누놀이의 유래는 아직 확실시되지 않다" 고 말하고 있다.(「서울 民俗大觀」 3. 세시풍속놀이 編. 293쪽 3. 고누. 1993. 2. 20. 서울특별시).

그러나 이 『천부경』 마당에서 우리나라의 고누놀이가 『천부경』에 닿아 있음을 밝혀 둔다. 이것은 세기적 우리의 재발견이다. 그 의의가 자못 크다. 우리 10955년 풍속과 역사가 실사로 부활하는 순간이다. 날조되고 왜곡된 단군역사가 실사로 부활하는 순간이다.

• 바둑판과 피라미드

바둑판은 줄고누를 느린 것으로 '1적십거' 에서 가로 19줄, 세로 19줄로 느린 것이다.

바둑판의 천원점을 들어 올리면 입체적 피라미드이다. 첨단부분을 쌓지 않는 것이 고대 왕릉이다.(〈그림 9〉.〈그림 9-1〉).

〈그림 9〉 피라미드

〈그림 9-1〉 고구려 19세 광개토왕릉
(자료 제공 : 권상호 문학박사, 서예가)

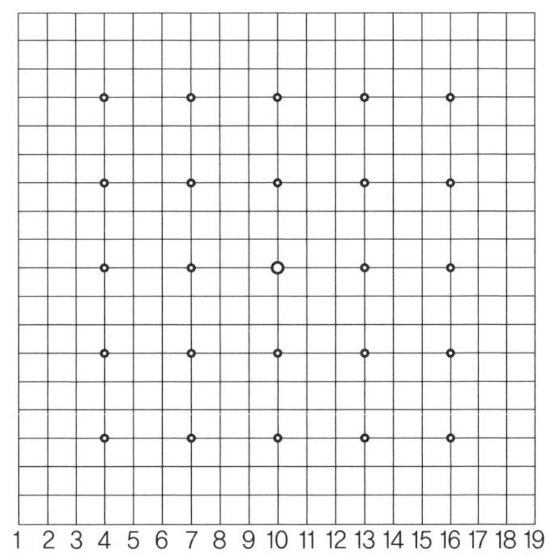

〈그림 10〉 바둑판. 〈1적 10거〉 확대도 바둑판

5) 無 匱 化 三/ 天 二 三/ 地 二 三/ 人 二 三

번역

궤짝도 바이없는 이 우주 공간 3극 조화
하늘 2 · 3,
땅도 2 · 3,
사람도 2 · 3이다.
(〈그림 8-1〉).

천1	2	3
지1	2	3
인1	2	3

〈그림 8-1〉 무궤화 3

천 1 · 1	천1 · 2	천1 · 3
지 2 · 1	지2 · 2	지2 · 3
인 3 · 1	인3 · 2	인3 · 3

〈그림 8-2〉 배열 순서

해석

저 하늘 3칸에 이 땅 3칸, 사람도 3칸 궤9칸(chip). 가로 세로를 3등분 하면 9칸이 생겨난다.(〈그림 8-1〉).

천1	천2	천3
지4	지5	지6
인7	인8	인9

〈그림 8-3〉 배열 수순

1	2	3
4	5	6
7	8	9

〈그림 8-4〉 대3합

해설

이 우주공간에는 사람만 살고 있는 것이 아니라 많은 생령들이 함께 살고 있다. 그래서 사람을 대표자로 내세운데 불과하다. 따라서 자연계에서는 더 많은 조화를 부리고 있는 것이다.

3극의 조화로 일어난 9칸의 궤짝에다 아홉가지 수(9)를 배열하여 〈그림 8-3〉 〈그림 8-4〉를 도출하기 위함이다.

6) 大 三 合

번역

천 · 인 · 지 9칸 궤짝 내용 즉 〈그림 8-3〉를 크게 합한다는 뜻이다.

해석

즉 일석 3, 무궤화 3, 천 · 지 · 인 셋(3)을 크게 합한다는 의미이다. 즉 〈그림 8-2〉 · 〈8-3〉를 크게 합하면 물성(物性)인 천 · 지 · 인은 사라지고 수(數)만 남게 된다. 즉 수만의 잔치이다.(〈그림8-4〉).

해설

- 천 · 지 · 인 3재도 사라지고 없는데, 하물며 5성(金木水火土), 5방위(東西南北中) 등은 기생할 수도 없으며, 접목할 수도 없다. 이점이 「천부경」의 독자성이다.
- 더욱이 〈대3합〉이라 하여 천1 + 지2 + 인3 = 6이라는 논리는 옳지

못하다.

• 그림으로 보면 같거나 닮았거나 합동현상임을 알 수 있다.

항상 유의해야 할 점은 수리(數理)를 넘어서 자연현상을 관찰해야 한다. 자연현상은 도(道)이기 때문이며, 도(道)는 자연에서 나온다고 하였다. 고로 3극 3재에서 도가 나옴을 명심할 일이다.

• 대3합에서 수(數)만 남게 되는 이치는 「천부경」의 독자성이며, 타와 구별되는 판별식이다.

〈참고도 1〉 같은 꼴

〈참고도 2〉 닮은 꼴 : 대칭

〈참고도 2-1〉 국보 제144호 : 천전리 서석

〈참고도 2-2〉 저음 · 고음

〈참고도 3〉 입방체

〈참고도 3-1〉 입방체

• 대3합과 도형

대3합에서 도형으로 보면 〈참고도〉와 같이 같거나, 닮았거나, 합동일 수밖에 없다. 국보 제144호 천전리 서석도 『천부경』의 수열의 '초끈' 이거나, 유전자 게놈지도를 방불케 한다. 그 뿌리가 『천부경』에 닿아있어 고도의 인지(人智)가 발달했음을 보여준다.

7) 六 生 七 八 九

번역

중심수 ⑥이 생겨 성수(成數 : 7 · 8 · 9 · 10)을 배열했다.(〈그림 8-5〉).

중심 수 ⑤도 생겨 성수(成數 : 6 · 7 · 8 · 9)를 배열하면(〈그림 8-4〉).

비로소 상(3) · 중(3) · 하(3) · 9칸 수열 기틀이 생겼다.(〈그림 8-4〉).

2	3	4
5	⑥	7
8	9	10

〈그림 8-5〉 후천수 배열

1	2	3
4	⑤	6
7	8	9

〈그림 8-4〉 선천수 배열

해석

지금까지 설명한 1)항에서 7)항까지는 9수 배열의 〈그림 8-4〉, 〈그림 8-5〉를 도출하기 위한 설명문이다.

해설

- 이 마당은 방향, 물성(5행 : 금목수화토), 음양 등은 접목도 기생도 할 수 없는 순수 수열만의 광장이다. 그래서 『천부경』은 수리의 경전이라 하는 소위가 여기에 있다. 이것은 타와 구별되는 판별식이 된다.
- 여기에서 후천수의 중심수 '六生' 이 '五生' 보다 앞서는 이유는 〈그림8-3〉 '대3합' 에서 자연스럽게 선천수의 중심수 ⑤가 먼저

천1	천2	천3
지4	지5	지6
인7	인8	인9

〈그림 8-3〉 배열 수순

나왔으므로 '六生' 이 본 문장에 앞에 주인공으로 등장한 것이다.

- 「천부경」을 해설하는 역자들 중 어떤 학자는 〈그림 8-3〉은 도출하였으나 대3합에서 〈그림 8-4〉를 도출하지 못하였다. 결국 '대3합' 을 보지 못한 결과이다.

8) 運 三 四 成 環 五 七

해석

- 〈運 三 四 成 環 五 七〉이 일곱(7) 자에 『천부경』을 푸는 열쇠와 함정이 있다. 「천부경」을 해설하는 모든 분들이 이 함정에 빠져있으며, 열쇠를 찾지 못하고 지쳐있는 실정이다. 누가 속 시원하게 풀어주도록 갈망하고 있다.

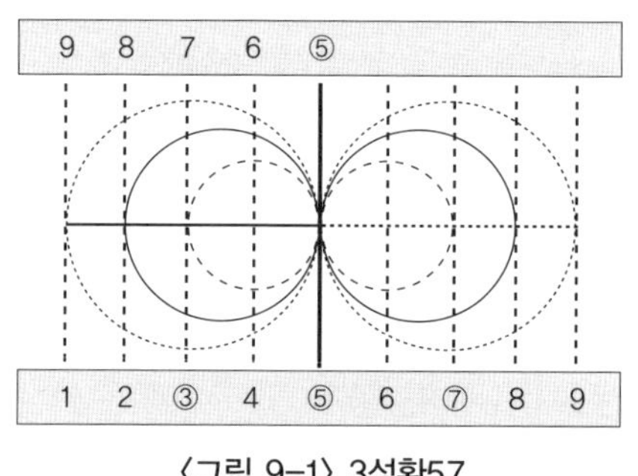

〈그림 9-1〉 3성환57

- 〈運〉은 운전하다. 부리다 등으로 쓰인다. 따라서 〈三〉을 부리고 〈四〉를 부린다는 뜻을 나타내고 있다.
  성환(成環)이란 '고리를 이루다' 라는 뜻이다. 현대 수학용어로 '원을 그리다' 라는 뜻이다.
- 「천부경」은 '선천수' 와 '후천수' 로 구성되어 있음을 수차례 설명하였다. 3은 선천수의 원소로 중심수는 ⑤이고(〈그림 9-1〉), 4는 후천수의 원소로 중심수는 ⑥이다. 따라서 3은 ⑤를 축으로 하여 5 · 7로 원을 그리고, 4는 ⑥을 축으로 하여 4 · 8로 원을 그린다.(〈그림 9-2〉). 이 부분은 상당한 추리가 필요하다.

해설

• **본문에서** 4는 나와 있으나, 성환은 6 · 8은 생략되어 있다. 〈그림 9-3〉에서 선천수는 홀수 1 · 3 · 5 · 7 · 9를 축으로 하여 전개되며 양옆에 짝수를 극(極)으로 삼고 있으며, 〈그림 9-4〉에서 후천수는 짝수 2 · 4 · 6 · 8 · 10을 축으로 하여 양옆에 홀수를 극으로 삼고 있다. 그래서 절로절로 변화가 많다. 그리고 9수(1~9)는 모두 시작

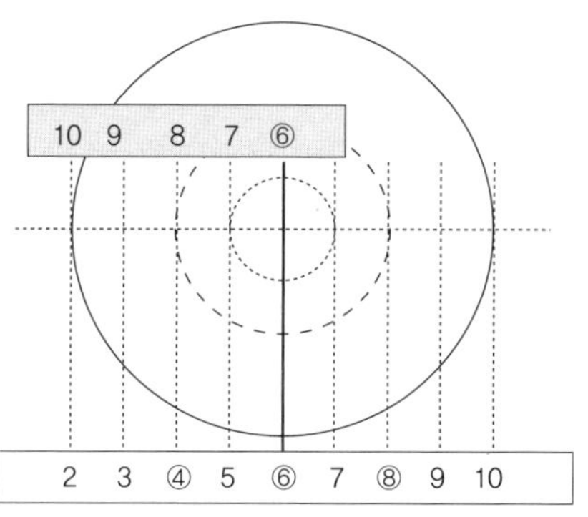

〈그림 9-2〉 4성환6 · 8

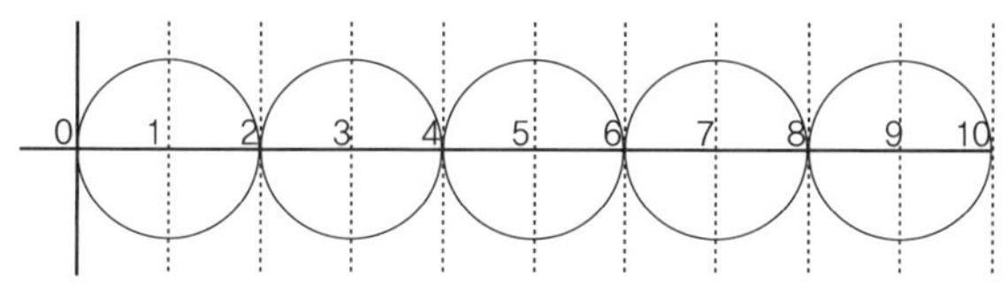

〈그림 9-3〉 선천수의 전개도

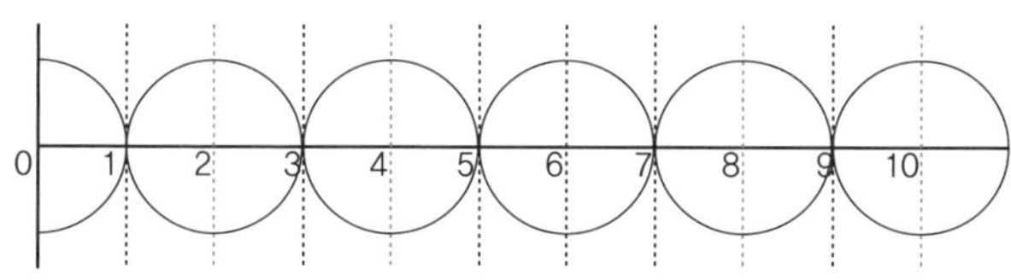

〈그림 9-4〉 후천수의 전개도

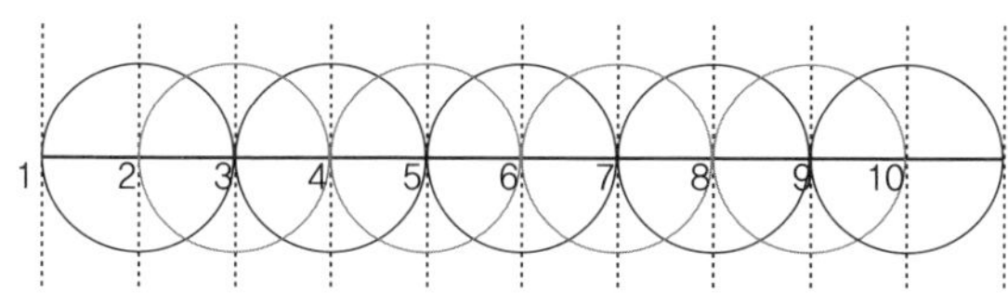

〈그림 9-5〉 천 · 후천 복합전개도

이 되고 중심이 될 수 있음을 암시하고 있는 문장이다.

- **『천부경』**은 비씨(BC) 8937년 전에 설한 경전이다. 그 때 『천부경』 시대부터 '컴퍼스'를 사용한 흔적이 확실해 보인다. 그렇지 않고는 **〈3 · 4성환 5 · 7〉**이라는 문장이 나올 수 없기 때문이다. 얼마나 놀라운 일인가.

  〈3 · 4성환 5 · 7〉 이 일곱 자에 한국의 역사 유기, 중국 · 일본의 역사 날조 왜곡 시비는 자동으로 판별이 된 것이다. 중국은 '중국 땅에서 일어난 역사는 모두 중국역사다' 라고 하고 있다. 〈동북공정〉 등을 내세워 역사침탈을 일삼고 있는 것이다. 대륙백제에서 일본으로 건너간 칠지도(七支刀)는 방패용(防牌用)이지만 **〈3 · 4성환 5 · 7〉** 일곱 자는 공중에 날아다니는 사정(查正)의 칼날이다. 고개를 숙이어라.
- **〈3 · 4성환 5 · 7〉**에서 3성환 5 · 7과 4성환 6 · 8이 복합되어 있는 문장이다. 따라서 〈그림 9-3〉 선천수의 전개도와 〈그림 9-4〉 후천수의 전개도가 합성되어 있다. 그래서 〈그림 9-5〉 선 · 후천수의 복합전개도를 도출하게 된다.

• 삼각함수(三角函數) 관계

여기서 〈그림 9-3〉 선천수의전개도 〈그림 9-4〉후천수의 전개도 〈그림 9-5〉 선 · 후천 복합전개도를 살펴보면 현대 수학의 삼각함수의 전개를 나타내고 있다. 그래서 필자는 〈그림 9-3〉 을 $\pm \sin x$라 하고, 〈그림 9-4〉를 $\pm \cos x$, 〈그림 9-5〉 를 $\pm \sin x \cdot \cos x$의 복합 형태라고 주장한 바 있다. 그래서 U대학교의 수학 석좌교수님에게 문의한 바 있다. 대답은 "비슷하다"고 했으며, 연구가 필요하다고 하였다. 이 대답은 현대 수학계에서 반발을 우려하여 신중한 대답이라고 생각하고 있다. 이 부분의 해명은 후학들의 몫이다. 젊은 수학도(數學徒)여! 과학도여! 분발하라.

• 근육(筋肉) 인대(靭帶)

〈그림 9-3〉 · 〈그림 9-4〉 · 〈그림 9-5〉는 생태계의 개체를 이루는

그림으로 나타낸 것이다. 그래서 『천부경』을 『조화경』(造化經)이라 한다. 수열의 복합 형태는 다중적(多重的)으로 일어날 수 있다. 생체의 구조는 2중적으로만 구성되는 것만이 아니라 다중(多衆)적으로 구성되기 때문이다. 예를 들면 사람의 골격과 근육(筋肉) 인대(靭帶)와 같은 관계이다.(〈그림 10〉).

• 수열과 "초끈"

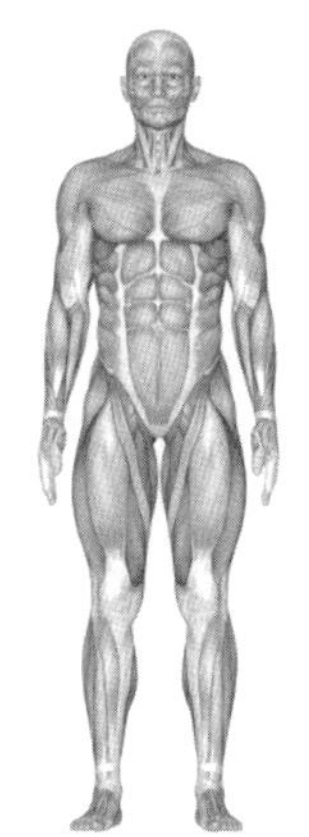
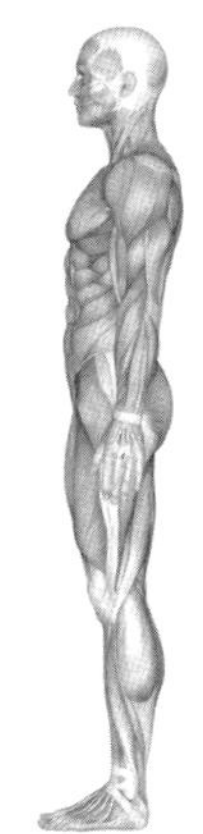
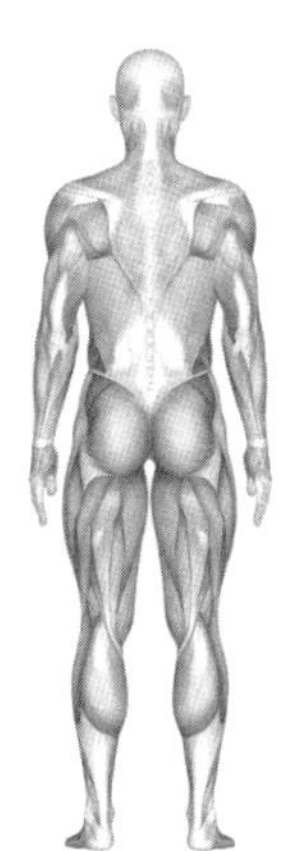

〈그림 10〉 인체근육과 초끈

'성환한다' 는 말은 원을 그린다는 뜻이므로, 수열의 세(3) 수를 의미한다. 어떤 원의 직경위에 놓이는 세 수이다. 원의 축과 양옆의 원둘레 위에 놓이는 두 극(極)이다. 원의 지름은 수열인 동시에 양극을 가지고 있다.

원의 두 극 사이 거리를 "끈"이라 한다. "끈"은 두 점 사이를 지나는 거리이다. "끈"의 두 점 사이를 지나는 거리는 매우 많다. 원의 호가 최대의 거리이며 낮은음이다. 두 점간의 거리가 짧을수록 진동음이 높다. 그래서 높은음이라 한다.

현대 물리학에서 물질의 가장 작은 원소의 분자는 양자이론에서 입자(粒子)라고 한다. 입자는 운동하고 있다고 하며, 입자가 있는 곳에 운동이 있고, 운동이 있는 곳에 입자가 있다고 한다.

그러나 스티븐 호킹은 입자가 아니라 "끈"이라고 추장한다. 이 입자와 끈의 단위는 나노스(Nanosm) 단위를 사용하고 있다. 1 나노스 미터(1nm)는 10^{-11}m라고 한다. 즉 나노 시대를 의미하고 있다.

『천부경』에서는 끈의 높은 진동음 음상(音象)을 율(律 : sin*x*)이라 하고, 낮은음을 향상(響象)을 여(呂 : cos*x*)이라고 한다. 만물은 소리에서 태어난다고 하는 사상이다.

아래 〈그림 9-6〉은 0에서 시작하는 파상을 선천수의 전개(sin*x*)이고, 1에서 시작하는 파상을 후천수 전개(cos*x*)이다.

여기에서 11 · 33 · 55 · 77…은 높은음이라 하고 또 율(律)이라고도 하며 음상(音象)이라고도 한다. 22 · 44 · 66 · 88은 낮은음이라 하고 또 여(呂)라고도 하며 향상(響象)이라고도 한다. 즉 이것이 '초끈' 의 운동양식이라고 보는 것이 필자의 견해이다. 따라서 생체의 생성원리를 나타낸 그림이다.

하모니카, 오르간(or · gan : 풍금), 피아노, 현악기 등은 끈의 두 극에서 나는 음들이다.

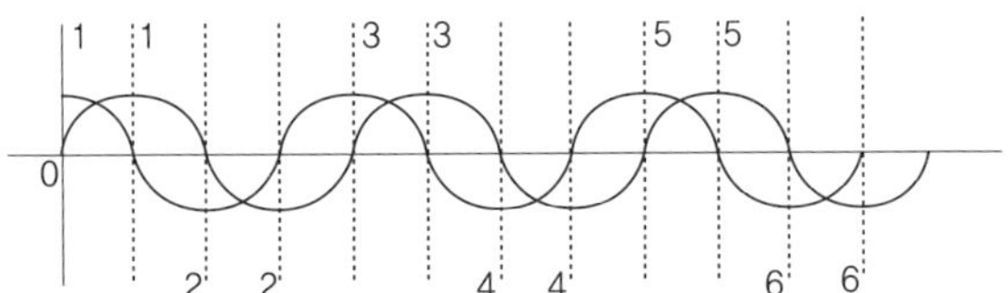

〈그림 9-6〉 실수(律 : sin*x*) 허수(呂 : cos*x*)

* 소립자 : 물질 또는 장(場)을 구성하는 기본적인 단위가 된다고 생각는 물질. 광양자 · 전자 · 양성자 · 중성자 · 중간자 · 양전자 따위.

9) 一 妙 衍/ 萬 往 萬 來/ 用 變 不 動 本

번역

'알갱이(粒子 : 10^{-11} : 초끈) 하나가 점점 불어 넘쳐나서 천만 번 오고 가는 변화, 변장술을 부리지만 겉모양 바꿔본들 제 모습은 그대로다.'

해석

• 묘 '妙' 자의 뜻

이 문장의 '妙' 자는 묘할 묘자로 '조화(造化)의 묘를 나타내고 있다. 그리고 감상적이다. 『천부경』 정신에 비추어 볼 때 '묘하다' 는 감상적이고 신비적인 용어는 부합되는 용어가 아니다.

따라서 '묘(妙)' 자를 '묘(渺)' 자로 바꾸어야 한다. '묘(渺)' 는 작을 묘 자이다. '묘(渺)' 는 소수의 단위의 하나로 애(埃)의 10분의 1, 막(漠)의 10배. 곧, 10^{-11}이다. 현대 물리학의 용어로는 1 나노스 미터(1nm)를 의미하는 문장이다. 그래서 소립자 (素粒子)인 알갱이나 초끈을 의미하고 있다.

• 극소화 극대화의 의미

『천부경』 시대에도 극대화 극소화의 수치 개념이 있었다고 하는 이론적 근거는, 삼일신고(三一神誥) 제1훈 허공(虛空) 편에 "저 푸른 하늘이, 하늘이 아니며, 까마득한 저 허공이 허공 아니니라. 모양도 바탕도 없고, 시작도 끝도 없느니라. 위아래 4방도 없고, 비어있음 뿐이나 어느 곳 있지 않은 곳 없이 두루 다 있고 온갖 것 다 끌어안고 있어 빠트림이 없느니라."고 한 문장이다.

제4훈 지구의 탄생에서 "네가 사는 이 땅이 저절로 커 보이느냐. 세상은 한 알의 환약만 한 작고 작은 알갱이인 것이다." 지구를 '환약 알' 에 비교한 것을 본다면 충분히 나노 시대를 예견한 문장임을 의심할 여지가 없다.

이와 같이 우주는 텅 비어있는 하늘이 아니라 우리의 생활영역에 밀착되어 있는 공(空)의 세계인 것이다. 우리 선조 님들은 이렇게 하늘(우주)

은 무엇이며, 땅은 무엇이며, 사람은 무엇인가를 관계를 지었던 것이다.

* 소립자 : 물질 또는 장(場)을 구성하는 기본적인 단위가 된다고 생각되는 물질. 광양자 · 전자 · 양성자 · 중성자 · 중간자 · 양전자 따위.
*「3 · 1신고」 제1훈 : 蒼蒼非天/玄玄非天/天無形質 無端倪//無上下四方/虛虛空空/無不在 無不容. 라 했으며, 제4훈 : 爾地自大 一丸世界라고 하였다.

• 순환 또는 윤회의 법칙

그 작디작은 1 나노스 '초끈'이 천만 번을 변하여 오고가지마는 본바탕은 변함이 없다는 사실이다. "최초의 우주가 대폭발로 인하여 생긴 당초의 '초끈'이 지금을 살고 있는 자신(自身)이라"(스티븐 호킹 : 『위대한 설계』)고 말하고 있다. 일묘연 만왕만래 용변부동본(一妙衍 萬往萬來 用變不動本)과 일치하고 있어 놀라운 대목이다.

• 영생불멸의 원칙

우주는 무한 에너지원과 중력 에너지원 그리고 유한 에너지원(색의 세계)를 순환 내지 윤회하고 있다.

우주만물의 순환도

		무한(無限) 에너지源(理의 세계)				
白 眞 時	靜	1. 宇宙氣 = 0 = 0空	← ↓ 理 ↑	白空	形以上學	形以上學源,
		2. 天體氣 = 0 + 0 = + 0無	↓ 氣 ↑	眞空	形以中學	
		3. 大氣氣 = 0 + 0 = − 0無極	↓ 色 ↑	時空	形以下學	
		重力 에너지源(氣의 세계)	↗↘			
天 人 地	動	1. 太極氣 = 0−1 = −1白無	↑ 理 ↓	天空	形以上學	形以中學源,
		2. 靈氣 = 0 + 1= + 1眞無	↑ 氣 ↓	人空	形以中學	
		3. 陰陽氣=0+1+0+1 = +2時無	↑ 色 ↓	地空	形以下學	
		유한(有限) 에너지源(色의 세계)	↖↙			
魂 心 生	胎	1. 魂 天地氣= 0+1= + 1義智	↓ 理 ↑	始承	形以上學	形以下學源
		2. 心 人地氣= 0+1+1= +2仁禮	↓ 氣 ↑	過程	形以中學	
		3. 體 身地氣= 1+1+1= +3信	↓ 色 ↑ →	行動	形以下學	

*「한민족우주철학사상」 34쪽. 이중재. 도서출판 고대사. 참조.

형이상학(원) 속에 있는 형이상학에는 형이상학 · 형이중학 · 형이하학이 있다. 이와 같이 형이상학(원) 속에 상 · 중 · 하학, 형이중학원 속에도 상 · 중 · 하학이 있으며, 하학원 속에도 상 · 중 · 하학이 공존하고 있는 것이다.

백의민족(白衣民族)은 한민족(韓民族)의 대명사이다. 백의를 숭상한 것도 우주의 본바탕이 백공(白空)이기 때문이다. 이러한 순환과정을 통해 사람의 심령은 죽지 않고 천만 번 겉모양을 바꾸어도 영생불멸한다는 것이다.

10) 本 心 本 太 陽/[1] 昂/[4] 明 人/[2] 中 天 地 一/[3]

번역

본래의 본마음은 태양과 똑같아서[1]
밝음과 하나가 된 온전한 참사람은[2]
천지간 꼭두 제1이라[2], 우러를 본다[4] 다 함께….

해석

명인(明人)이란 사리에 밝은 사람을 이름이다. 「3 · 1신고」에 이러기를 3진(三眞)인 성(性) · 명(命) · 정(精)을 닦아서 인격완성에 그 무게를 두고 있다. 사람과 만물들이 3진(眞)을 다함께 받는데, 사람은 온전하지만 만물들은 치우치고, 본성은 선 · 악 구별 없지만 지혜(상철)로 통하고, 참생명에는 청 · 탁이 없지만 맑음(중철)으로 깨우치고, 참정기는 두텁고 · 얇음이 없지만 밝음(하철)으로 편안해하느니라고 하였다.

따라서 누구라도 근본 되는 참하나 3진(性 · 命 · 精)이 하나로 돌면 신(神)과도 하나 되나니…. '안팎을 구별하여 밖에서 무엇을 구하려는가.' 라고 하였다.

다시 말해서 마음의 근본은 우주의 근본과 하나로 통하는 것이어서 인간의 참본성인 〈신성(神性), 자성(自性), 일심(一心), '하나'〉가 회복하면, 천 · 지 · 인 삼재의 융화가 구체적인 현실대로 나타남으로써 인간의 완전한 자기실현이 이루어지는 것이다.

즉 "내가 나 된 것뿐 다른 것 아니다" 따라서 이 세상에서 '참나' 와 만나기 위하여 인류는 도를 닦고, 참선(參禪)을 하고, 고행을 마다않고 그토록 멀고도 험난한 길을 달려왔다고 할 수 있다.

국가 · 민족 · 인종 · 종교 · 성 · 계급간의 경계를 넘어 인류가 하나임을 인식하기 위한 시험의 관문이었다. 삶과 죽음, 전쟁과 평화, 빛과 어두움, 기쁨과 슬픔, 사랑과 증오, 건강과 병, 맑은 하늘과 태풍의 대조적 체험을 통해 우리의 영혼은 더욱 맑고 밝고 확대되고 강화된다. 지상낙원 사해일가(四海一家)인 인류의 꿈을 이루기 위하여 달려왔다고 할 것이다. 이것은 먼저, 개개인의 '자기완성', '수신제가', '내부의 자기혁명' 에 있다고 할 것이다(『천부경』 최민자).

*『3.1신고』 제5훈 인물 : 人物同受三眞/曰性命精/人全之物偏之//眞性無善惡上哲通/眞命無淸濁中哲知/眞精無厚薄下哲保//返眞一神'.

해설

한반도 한민족에게도 봄바람 불어오고 있다. 역사적 질곡 속에서 인간의 참본성인 성(性) · 명(命) · 정(精)을 잃어버리고 굴종의 세월을 엮어온 것도 사실이다. 이제 우리는 〈잃어버린 우리〉 · 〈잊어버린 우리〉를 찾을 때가 온 것이다. 통일의 제단에는 허섭스레기는 올리지 말아야 한다. 우리의 상조상나라 환국(桓國)이 이루었던 낙원(樂園)을 온 인류와 함께 자연주의나라, 인본주의나라, 보편주의 나라로 회귀할 때가 온 것이다.

11) 一 終 無 終 一

번역

'하나(1)가 끝내 사라져도(0) 끝난 건 아니다.'

해석

둥근 고리 그 어디가 시작이고 끝이던가.
날이면 날마다 해 뜨고 해는 지고….

해설

『천부경』 겉으로는 윤회란 표현 없다. 첫 절에 '일시무시일'(一始無始一) 끝절엔 '일종무종일'(一終無終一) 처음과 끝, 부신처럼 딱 들어맞아 '성환(成環 : 원)' 한 형태이다. 그래서 순환하고 윤회하고 있는 것을 강조하고 있다. 앞 절에서 본바와 같이 그 작은(10^{-11}) 초끈이 겉모양을 바꾸어 가며 만 번 태어나고 만 번을 죽어가도 본래의 본마음은 태양과 똑같이 변함이 없다는 것이다.(一妙衍/ 萬 往萬來/ 用變不動本) 즉 불생불멸이고, 나이도 먹지 않고, 언제나 아홉(9) 살, 한국 나이로 열(10) 살이다.

진제(眞諦)와 속제(俗諦), 본체와 작용의 이분법이 완전히 사라진 경계인 까닭에 시작도 끝도 없으며, 가지도 오지도 않는다는 내용이다.

三.「천부경」해독의 의의

1. 배달민족의 태고사(太古史)

일반적으로 태고사라 함은 까마득한 옛날 호랑이 담배 피우던 시절, 문명이라고는 전혀 없었던 미개 원시사회로 인식하기 쉽다. 그러나 배달민족의 태고사는 그와 다르다는 사실을 말하고 싶은 것이다. 지금으로부터 기원전(BC. 8937(상원갑자))년 전에도 문화가 만연되어 있었다는 이야기이다. 여기서부터 그 당시 반고(盤古) 환인 씨(桓因 氏)가 베풀었던 『천부경』나라로 들어가 보자.

반고 혼인 씨는 지금의 중원대륙 서녘 끝에 있는, 서역(西域) 실크로드(비단길 : 신라길)를 통하는 관문인 감숙성(甘肅省) 돈황(燉煌)에서 바른 계통의 나라(正統國) 신시(神市)를 세우고, 「천부경」(天符經) · 「삼일신고」(三一神誥) · 「묘법연화경」(妙法蓮華經)을 베풀었다고 전해온다.(「혼단고기」 · 「신단실기」 · 「태백일사」 등).

우리가 알고 있는 개천절(開天節)은 1세 단군 왕검(王儉)이 기원전(BC. 2333(戊辰))년에 10월 3일 태백산 신단수 아래에서 개천 했다는 개천절이다. 그러나 이것은 개천절이 아니고 단군조선을 개국한 건국기념일에 불과하다.

그러나 기원 전(BC. 8937 : 상원갑자) 10월 3일에 감숙성(甘肅省) 돈황(燉煌)에서 나라(正統國) 신시(神市)를 세운 것이 진정한 인류의 문화를 열어 재친 개천절이다. 이와 같은 사실을 조목조목 설명하고자 한다.

2. 상원갑자 시(10)월 삼(3)일의 역법

지금도 통용되고 있는 만세력(萬歲曆) 역법에 상원갑(上元甲) · 중원갑(中元甲) · 하원갑(下元甲)라는 계산법이 있다. 일원갑(一元甲)의 햇수는 1갑을 60회 곱한 햇수이다. 고로 1갑년은 60년임으로 60년×60회는 3600년이다. 따라서 3원갑자 곱하기 3600년이면 10800년이라는 햇수가 나온다. 이것이 우주력(宇宙曆) 한 달이 지구력(地球曆)의 10800년에 해당되는 햇수이다. 무술(2018)년 올해까지 3원갑(10800년)가 지나고 갑자년이 2회 돌아왔으므로 120년을 더하고, 또 마지막 갑자년에서 35년째가 무술년이다. 모두 합산하면 10955년이라는 혼국기원(桓國紀元) 햇수가 된다.

그래서 상원갑자년에 개천하여 나라를 열었으므로 상원갑자 시월 삼일이 '진짜 개천절' 임을 알아야 한다. 그래서 반고(盤古) 혼인 씨(桓因氏)의 부인 막지(莫知)를 상원부인이라는 택호가 비로소 생겨났다. 오늘날까지 택호가 전해오고 있다. 지구상에서 택호가 있는 민족이 있다면 필연적으로 역사상 혈연적 친연성이 있는 민족일 것이다.

막지(莫知)라는 뜻은 모르는 것이 없다하여 붙여진 이름이다. 상원부인 역시 도를 통한 천신인(天神人)이였다. 상고대에는 왕이나 왕비 역시 도를 통하지 못하면 제후국의 왕이나 왕비가 될 수 없는 불문율이 있었다.

그리고 단군기원에서 나오는 웅여(熊女)가 사람이 되었다는 이야기도 웅(熊) 씨족의 딸 처녀가 깨달은 사람이 되었다는 이야기이지 절대로 짐승인 곰이 사람이 되었다 하여 우리 역사를 신화로 미신으로 샤머니즘으로 몰아가고 있는 것은 전적으로 교육의 잘못에 있음을 알아야 한다. 사람이 깨닫지 모하면 금수와 무엇이 다를 바 있겠는가. 그래서 웅여는 깨달은 사람으로 거듭난 것이다.

신라의 '진골' '성골' 하는 골품제도 역시 상고대의 왕과 왕비가 도통해야 하는 고차원의 유풍에서 오는 내 혼의 잔재라고 여겨진다.

3. 반고(盤古) 환인 씨(桓因 氏)의 『천부경』 시대 역제(曆制)

기원전 8937년 전부터 역제가 있어 시행규칙이 있었다면 과연 믿어줄 것인가? 아마 못 믿겠다고 할 것이다. 그러나 그 누구도 부정할 수 없는 현대의 양력 음력보다 정치한 역제가 있었다는 사실이다.

『천부경』은 반고(盤古) 환인 씨(桓因 氏)가 반포했다는 사실은 앞 一장, 二장에서 누차 설명하였다. 『천부경』은 우주 만물의 생성소멸 변화과정을 수열(數列)로 풀어낸 경전임도 설명하였다. 그러면 환국력(桓國曆) 속으로 들어가보자.

환국력(桓國曆)은 1주일은 7일이고, 1달은 4주로 28일이다. 1년은 52주 13개월로 364일이 기초일 수가 된다. 여기에다 13개월 마지막 달은 큰달로 쳐서 1일을 더하니 365일이 평년 일수이다. 3년 반마다 윤년이 드니 366일이 되고, 10년 반마다 윤시분초까지 들어가는 역법이다. 마지막 영(0 : 제로)에 귀착하는 역제이다.

1달이 28일인 것은 사람의 생리 주기가 꼬박이 28일마다 주기적으로 반복됨에 유래한 것이다. 그래서 회임 기간도 7일 4주 28일이 한 달 일수이다. 10달이면 280일로 40주가 회임기간이 된다. 한 달 28일은 북두칠성의 운행 위치에 맞추어져 있다. 한국(韓國)의 풍속인 윷놀이(척사 : 擲柶) 말구멍 수가 28인 것도 생리 주기 1달과 일치한다. 동서남북 4방위마다 십(十)자 위에 각각 2점씩 8점이고, 둘레 동서남북 각각 5점씩 모두 20점에 합이 28수이다. 이것을 수리적으로 정열하면…

연의 기초 수 364일은 : 1 · 4 · 7 · 10 · 13 · 28 · 40 · 52 · …는 1 · 4 · 7 무한수열의 원소로,

평년 일수 365일은 : 2 · 5 · 8의 무한수열의 원소로,

윤년 일수 366일은 : 3 · 6 · 9의 무한수열의 원소로 각각 이루어져 있다.

그리고 윷놀이 판 문양의 수는 1 · 2 · 4 · 5 · 7 · 8 · 20 · 28…인 것은 평년 일수 365일은 2 · 5 · 8의 무한수열의 원소이다. 그리고 윤년인 366일은 3 · 6 · 9 무한수열의 원소이다.

또한 역제와 생리 주기가 빈틈없이 일치하고 있다. 사람에게 주기적으로 생리현상이 있다는 것은 천리(天理)이며, 28일마다 월사가 있다는 것은 수리(數理)이다. 고로 천리(天理)와 수리(數理)가 부신(符信)처럼 부합(符合)한다 하여 『천부경』이란 이름이 생겨난 것이다.

어디 사람뿐이겠는가. 천지만물은 제마다 천리와 수리에 따라 생로병사를 엮어가는 바이오리듬의 조화 즉 수리(수열)로 이룬 화음의 합주곡이라 할 수 있다.

환국력(桓國曆)은 세계 최초의 역제임이 여실이 들어낸 것이다. 수리에는 자연과학주의, 천리부합주의 수리부합주의 보편주의가 살아 숨 쉬고 있다. 이상과 같은 이유로 환국(桓國)의 역제를 부활해야 하는 당위성이 여기에 있다.

4. 간지(干支)와 고간지(古干支法)

간지(干支)란 천간(天干) 10간과 지지(地支) 12지를 말한다. 간지로 자연 현상관계를 설명하고 있다. 우주 공간에서 일어나는 자연현상을 천간 열 가지, 지지 열두 가지 모두 스물두 가지로 두자씩 60가지 조합을 만든다. 스물두자의 기호로 의미를 부여하여 우주공간에서 일어나는 자연현상을 설명하고 있다.

※「私窯聚選」卷一　本文　帝王編(朴致維　田以采宰)

天皇氏盖取，天開於子之義，一姓兄弟十二人亦曰，
成鳩氏是曰，天霊，澹泊無為始制，
干支盖十母十二子之名以定歲之所在．
▶甲日，閼逢言万物剖甲而出．▶乙日，▶蒙言万物支軋軋．
▶丙日，柔兆言陽道著明．▶丁日，彊圉言万物丁壯．
▶戊日，著雍言万物之固也．▶己日，屠維言陰気穀物．
▶庚日，上章陰気庚万物．▶辛日，重光言万物辛気方生．
▶壬日，亥黙言陽気壬陽於下．▶癸日，昭陽言万物可揆度．
■子日，困敦言混沌．■丑日，赤奮若言陽気奮迅，
万物皆若其性．■寅日，摂提格言万物 承陽而起．■卯日，
単閼言陽気惟万物而起．■辰日，執徐言伏蟄之皆勅徐而起．
■巳日．大荒落言万物皆大出而荒落．■午日，敦牂
言万物盛壮之意．■未日，協治言万物和合．■申日，
涒灘言棄万物吐之児．■酉日，作噩言万物皆起之児
■戌日，閹茂言万物皆淹冒．■亥日，
大淵献言大献万物言天陽気深蔵於下也．初春天気早晨時．

〈그림 1〉 고간지 원문

10간이란 갑(甲)·을(乙)·병(丙)·정(丁)·무(戊)·기(己)·경(庚)·신(辛)·임(壬)·계(癸)이다.

12지란 자(子)·축(丑)·인(寅)·묘(卯)·진(辰)·사(巳)·오(午)·미(未)·신(申)·유(酉)·술(戌)·해(亥)이다.

10간 12지의 순서대로 간지 한자씩을 결합하여 조합을 만들면 갑자(甲子)·을축(乙丑)·병인(丙寅)·정묘(丁卯)…임술(壬戌)·계해(癸亥)가 되어 60가지 간지를 이룬다. 이것을 60갑자라 한다. 이상의 간지는 두자씩인데 비하여 고간지는 천간 스무 자, 지지 스물네 자 합하여 마흔네 자로 이루어진다.

여기서 간지법의 발생에 대하여 중요한 것은, 22자 간지법을 시행하기 이전에 이미 고간지인 44자 간지법을 시행하였다는 이야기이다.

천황 씨(天皇 氏)는 모두 취하였다. 하늘을 연 것은 자식 된 사람으로서 행하여야 할 바른 도리였다. 일(一)자 성(姓)을 사용했으며, 형제가 12명이다. 성구 씨는 이렇게 말하였다.

천령 씨(天靈 氏)는 성격이 담백하고 처음으로 무엇을 만들지는 않고, 옛것을 따랐다. 간지인 10간과 12지를 숭상하였다. 어미(반고 환인 씨의 부인 막지. 상원부인)는 아들이 12명이었다. 그래서 아들 이름으로 간지(고간지)를 지었다.

즉 ①갑(甲)을 알봉(閼逢), ②을(乙)을 기몽(旃蒙), ③병(丙)을 유조(柔兆), ④정(丁)을 강어(疆圉), ⑤무(戊)를 저옹(著雍), ⑥기(己)를 도유(屠維), ⑦경(庚)을 상장(上章), ⑧신(辛)을 중광(重光), ⑨임(壬)을 해묵(亥默), ⑩계(癸)를 소양(昭陽). ❶자(子)를 곤돈(困敦), ❷축(丑)을 적분(赤奮), ❸인(寅)을 섭제(攝提), ❹묘(卯)를 단알(單閼), ❺진(辰)을 집서(執徐), ❻사(巳)를 대황(大荒), ❼오(午)를 돈장(敦牂), ❽미(未)를 협치(協治), ❾신(申)을 군탄(涒灘), ❿유(酉)를 작악(作噩), ⓫술(戌)을 엄무(閹茂), ⓬해(亥)를 대연(大淵)이라 하였다.

이상을 조합해보면 반고 환인 씨와 상원부인 막지(莫知) 사이에 아들이 12명이었다는 사실이다. 그 아들 이름을 따서 간지를 만들었다는 것은 경탄할 일이다. 이토록 인류 창세기 문화가 준비된 계획 아래 이루어졌다는 사실이다.

5. 『천부경』 해독은 배달민족 융성의 징조

「천부경」 외에도 따로 「지부경」·「인부경」이 전해오고 있다. 『천부경』은 81자 중 숫자가 33자로 41%, 「지부경」은 100자 중 45자로 45%, 「인부경」 108자 중 40자 37%로 되어 있다. 모두 수리 경전임을 스스로 시사하고 있다. 그래서 풀리지 않는 암호문서로, 괴서(怪書)로 취급받고 있다.

이와 같은 비밀문서는 글자풀이로 아무 때나 열리는 경전이 아니다.

고구려 국상 을파소가 지은 『참전계경』이 보이고, 신라 눌지왕 때 만고충신 박제상(~417~)이 지은 『증심록』 이래 그 아들 박문량(朴文良 : 소지왕) 백결선생이 지은 금척지(金尺誌) 등에서 엿볼 수 있으나 전문해석은 보이지 않는다. 이러한 책들도 전해오지 못하고 있으며, 그러나마 정사 대접도 받지 못하고 있는 처지이다. 그 외에 전문해석이 혹 있다고 한들 정해(正解)는 아니고 글자풀이 사변(思辨)에 지나지 않는다. 『천부경』의 하나라 할 수 있는 금척지(金尺誌)의 단편이 박제상이 지은 『부도지』에 전해오고 있음 천만 다행한 일이다.

더욱이 『부도지』 단편에 의지하여 본고와 같이 해독할 수 있었던 것은 배달민족의 국운이 융성할 징조가 도래하였음을 암시하고 있다. 배달민족의 역사에도, 한반도에도 봄은 오고 있다는 증거이다. 부처는 "노인의 몸을 빌고 황구(黃口)의 입을 빌려 법을 전한다"라고 하였다. 아무려나 아무 아는 것도 없는 미수(米壽)인 이 노농(老農)의 몸을 빌려서 해독하게 한 것은 우연이 아니다.

무술년(10,955. 2018) 6월 하완

神佛山 아래에서 艸牛野墅에서 辛東益

문학세계대표작가선 855

봄

신동익 시조시집

인쇄 1판 1쇄 2018년 8월 3일
발행 1판 1쇄 2018년 8월 10일

지 은 이 : 신동익
펴 낸 이 : 김천우
펴 낸 곳 : 도서출판 천우
등 록 : 1992. 2. 15. 제1-1307호
주 소 : 서울시 성동구 무학봉28길 6 금용빌딩 2F
전 화 : 02)2298-7661
팩 스 : 02)2298-7665
http://moonhak.wla.or.kr
E-mail : chunwo@hanmail.net

값 10,000원

ISBN 978-89-7954-723-8

이 도서의 국립중앙도서관 출판예정도서목록(CIP)은 서지정보유통지원시스템 홈페이지(http://seoji.nl.go.kr)와 국가자료공동목록시스템(http://www.nl.go.kr/kolisnet)에서 이용하실 수 있습니다. (CIP제어번호: CIP2018023939)